건강한 교회의 7가지 디테일

새들백에서 배운 성장 원리
건강한 교회의 7가지 디테일

지은이 | 케빈 리
초판 발행 | 2025. 9. 24.
등록번호 | 제1988-000080호
등록된 곳 | 서울특별시 용산구 서빙고로 65길 38
발행처 | 사단법인 두란노서원
영업부 | 2078-3333 FAX | 080-749-3705
출판부 | 2078-3331

책값은 뒤표지에 있습니다.
ISBN 978-89-531-5162-8 03230

독자의 의견을 기다립니다.
tpress@duranno.com   www.duranno.com

ⓒ 이 출판물은 저작권법에 의해 보호를 받는 저작물이므로
무단 전재와 무단 복제, 무단 사용을 할 수 없습니다.

두란노서원은 바울 사도가 3차 전도여행 때 에베소에서 성령 받은 제자들을 따로 세워 하나님의 말씀으로 양육하던 장소입니다. 사도행전 19장 8-20절의 정신에 따라 첫째 목회자를 돕는 사역과 평신도를 훈련시키는 사역, 둘째 세계선교(TIM)와 문서선교(단행본·잡지)사역, 셋째 예수문화 및 경배와 찬양 사역, 그리고 가정·상담 사역 등을 감당하고 있습니다. 1980년 12월 22일에 창립된 두란노서원은 주님 오실 때까지 이 사역들을 계속할 것입니다.

새들백에서 배운 성장 원리

건강한 교회의 7가지 디테일

케빈 리 지음

Healthy
Church

두란노

목차

추천사 8
프롤로그 14

1
무슨 사역을 하느냐보다 어떻게 하느냐가 중요하다

당신의 교회는 어떤 문화를 갖고 있는가 19
시스템 vs 문화 21
새들백 교직원 12계명 22
건강한 문화 만들기 28
내가 가장 놀란 새들백 교직원의 가치들 30
나눔을 위한 질문 42

성장하는 교회는 전도의 끈을
느슨히 하지 않는다　　　　　　　**2**

　기존 성도 vs 전도 대상자　49
　전도 친화적 교회 만들기: 목회자의 역할　53
　전도 친화적 교회 만들기: 성도들의 참여　56
　초대할 이유를 주자　57
　새들백교회는 꾸준히 노력할 뿐이다　62
　나눔을 위한 질문　66

소그룹은
선택이 아닌 필수다　　　　　　　**3**

　새들백만의 소그룹 구조　71
　새들백 교직원은 모두 소그룹에 참여한다　76
　새들백이 중시하는 소그룹의 세 가지 요소　81
　소그룹에 참여하고 있지 않다면
　우리 교회에 다닌다고 말하지 마세요　91
　나눔을 위한 질문　94

4 영적 건강만큼 정신 건강을 돌봐야 한다

정신 질환은 아픔이지 부정적인 정체성이 아니다 100
나는 일 중독과 불안 증상을 보이는 하나님의 자녀다 102
당신은 사역에 중독되어 있지는 않은가 104
일 중독에서 회복하기 105
한국 교회 트렌드로 주목되는 정신 건강 111
지금부터 시작하는 정서적으로 건강한 영적 공동체 113
정서적으로 건강한 영성 연구하기 116
나눔을 위한 질문 118

5 건강한 교회는 사모가 행복하다

사모 수련회 기간에 교회는 잠시 멈춤 123
사모 수련회는 어떻게 진행될까 127
사역의 필요성보다 사역자 가족의 의견을 중시하는 교회 133
부부가 함께 예배드리기 137
가정이 무너지고 새들백이 달라졌다 141
나눔을 위한 질문 144

교회가 성장하려면
내가 끊임없이 성장해야 한다 **6**

리더십에 대한 오해 풀기 151
교회 내 전체 리더십 강화하기 153
리더로서 가장 중요한 것: 당신의 목소리 170
리더는 팔로워가 아니라 리더를 만든다 178
나눔을 위한 질문 182

사역자에게 쉼은
사역보다 더 중요하다 **7**

창의적인 사역을 가능하게 하는 쉼 188
새들백교회에는 쉬는 날이 없다! 189
안식일을 지킬 수 있게 돕는 교회는 어떤 모습일까 192
건강한 워레리를 만들기 위한 세 가지 팁 207
한국 교회를 향한 릭 워렌 목사의 마지막 당부 217
나눔을 위한 질문 220

에필로그 222
주 226

추천사

새들백교회는 '배운 것을 가르치고 나누는 교회'입니다. 우리 교회만을 위해서가 아닌 전 세계 교회를 세우고 돕기 위해 존재해 왔습니다. 우리 교회의 한인 목사 케빈은 처음 6년 동안 새들백교회 온라인 커뮤니티를 섬겼고, 지난 2년간은 위디어 캠퍼스를 섬겼습니다. 그 과정을 통해 소중한 경험을 쌓았을 뿐만 아니라 새들백교회의 DNA를 깊이 받아들였고, 그 인사이트들을 이 책 속에 아름답게 담아냈습니다.

저는 한국과 한국 교회가 예수 그리스도의 지상명령을 완성하는 데 있어 매우 중요한 역할을 감당하게 될 것이라 믿습니다. 이 책에 담긴 원리와 가치, 그리고 전략들은 시대와 문화를 초월하는 내용입니다. 그러니 이 책을 손에 들고, 도전을 기꺼이 받아들이며, 여러분의 교회가 더욱 강건해지기를 바랍니다.

앤디 우드 **새들백교회 담임 목사**

Saddleback Church has always been a teaching church. We exist not only for our church alone but for the empowerment of the Church all over the world. Kevin has served Saddleback's Online Community for 6 years and now, Whittier Campus for 2 years. During this time, he has accumulated valuable experiences and adopted the DNA of Saddleback Church, which he beautifully describes in this book. I believe Korea and Korean churches will be critical in completing the Great Commission. Principles, values, and strategies described in this book are timeless and cross-cultural. So pick up this book, be ready to be challenged by it, and may your church be strengthened by it.

Andy Wood   Saddleback Church Lead Pastor

한국 교회에 잘 알려진 새들백교회 이야기를 한인 1.5세 케빈 목사님을 통해 들여다보는 것은 매우 흥미롭습니다. 이 책은 우리가 지금 겪고 있는 고민들을 먼저 경험하고, 먼저 헤쳐 나간 교회의 이야기라고 할 수 있습니다. 그런 의미에서 이 책을 꼭 읽어 보시길 권합니다.

저자는 목회자들에게 두 가지 중요한 질문을 던집니다. "나는 어떤 목회자로 하나님의 일을 하고 있는가?" "우리 교회는 하나님 나라의 확장을 위해 어떻게 움직이고 있는가?" 그리고 저자는 이 책에서 연합의 신비, 부르심과 현실, 성장과 시스템, 실패와 도전, 헌신과 도약의 상관관계들을 촘촘하게 다루고 있습니다.

이 책은 목회자의 치열한 고민과 현실적인 해결책을 담은 진솔한 기록입니다. 이 책이 제시하는 일곱 가지 원리를 하나씩 읽어 나가면서, 각자의 자리에서 가장 강력한 하나님의 소망인 '교회'를 위해 고뇌하고 씨름하는 몸부림이 터져 나오기를 바랍니다.

이찬수 분당우리교회 담임 목사

새들백교회를 방문해 투어를 하면서 지구상에 이런 교회가 있다는 것에 충격을 받았다. 규모도 규모지만 소그룹을 중심으로 돌아가는 교회 문화와 시스템을 한국 교회가 배우면 좋겠다고 생각했었다. 그런데 이번에 새들백교회를 종합적으로 소개하는 책이 출간되어 반갑다. 이 책은 현장 목회자들과

예비 목회자들에게 지금까지 전혀 생각지 못했던 새로운 목회적 인사이트를 제공해 줄 것이다. 또 한편으로 양적 성장과 질적 성장이 동시에 이뤄지는 실제적 대안 모델을 제시해 줄 것이다.

지용근 목회데이터연구소 대표

8년 전 미국 사역 중 만난 케빈 목사님은 한국과 미국, 양쪽의 장점을 겸비한 보기 드문 사역자라고 느꼈다. 그에겐 미국 교회를 섬기면서도 한국 교회에 대한 애정 어린 고민과 다양한 목회 경험을 토대로한 설득력 있는 대안들이 있었다. 첫 만남 이후에도 지금까지 관계를 가지며 새들백교회와 미국 교회 이야기들을 계속 들어 왔는데 그 내용이 책으로 나와 더없이 기쁘다. 다음 세대를 준비하고, 예배와 성도들의 참여를 늘 고민하는 목회자의 한 사람으로 이 책은 실질적인 도움이 되리라 확신한다. 교회가 건강하게 성장하기 위해서는 교회의 책임과 사역자의 책임이 분리되어야 한다. 그런 면에서 사역의 현장에서 무거운 짐을 지고 있는 동역자들과 성도들에게 이 책을 추천한다.

천관웅 뉴사운드교회 담임 목사

20년이 넘는 세월 동안 새들백교회는 목회자 사모들을 지지하고 격려하며 돌보는 사역을 감당해 왔습니다. 그들의 특별한 부르심과 교회 공동체 안에서의 중요한 역할을 인정하고 도모한 것입니다. 저 또한 이 사역을 통해 사역자 아내로서 깊은 성장을 경험했습니다. 사모라는 여정을 통해 맞이하는 기쁨과 슬픔을 모두 이해하는 이들과 함께 있다는 것이 제게 참된 생명줄이 되어 주었습니다. 이는 하나님이 제게 주신 부르심 안에서 더욱 풍성하게 살아가도록 도와주었습니다.

케빈 목사님과 사론 사모님은 이 중요성을 깊이 이해하고 있습니다. 그들은 겸손과 사랑, 하나 됨으로 팀 사역을 보여 주고 있습니다. 특히 사론 사모의 조용한 강인함, 흔들리지 않는 믿음, 그리고 온유한 리더십은 우리 교회 가족 모두에게 큰 축복이 됩니다. 그녀의 격려와 헌신은 케빈 목사님만 세워 주는 것이 아니라 우리 공동체 전체를 더욱 강하게 만들어 줍니다. 목회자 가정을 돌보려는 이들의 헌신은 바로 새들백교회가 추구하는 핵심 가치를 그대로 보여 주고 있습니다. 부부가 함께 하나님을 깊게 섬기기 원하는 사역자에게 이 책을 추천합니다.

네이다 구즈만 새들백교회 위디어 캠퍼스 담당 목사 사모

For over two decades, Saddleback Church has been a place that champions, supports, and nurtures ministers' wives-recognizing their unique calling and vital role in the life of the church. I've personally been deeply impacted by this ministry. Being surrounded by women who understand the joys and challenges of this sacred journey has been a true lifeline. It's helped me thrive in the calling God has given me.

Kevin and Saron deeply understand the importance of this. They model ministry as a team-serving with humility, love, and unity. Saron's quiet strength, unwavering faith, and gentle leadership bless our entire church family. Her encouragement and support not only uplift Kevin but strengthen our whole community. Their example and commitment to caring for ministry families reflect the very heart of what Saddleback stands for. I recommend this book to any pastor couple who wants to deeply serve God together.

Neyda Guzman Saddleback Church, Whittier Campus Pastor's wife

프롤로그

새들백교회는 확실히 세계적으로 영향력 있고 역사적으로 중요한 교회다. 새들백교회에서 사역하기 전부터 《목적이 이끄는 삶》(디모데, 2010)의 저자 릭 워렌(Rick Warren) 목사가 개척하고 담임하는 교회라는 것은 알고 있었지만, 새들백교회가 내리는 하나의 결정이 미국 교계와 전 세계 교회에 미치는 영향에 대해서는 상상하지도 못했다.

어려서부터 지역 교회를 사랑하며 자란 사람으로서 세계적으로 쓰임 받는 교회의 비결과 원동력을 배우고 싶은 마음에 2017년 11월 인턴십으로 지원했고, 2019년 3월 정식 사역자가 되었다. 그때부터 배운 내용들을 정리해 왔다. 배운 내용을 모두 나누라 하면 시간과 지면이 부족할 정도지만, 일곱 가지로 정리할 수 있다.

하나, 무슨 사역을 하느냐보다 어떻게 하느냐가 중요하다.

둘, 성장하는 교회는 전도의 끈을 느슨히 하지 않는다.

셋, 소그룹은 선택이 아닌 필수다.

넷, 영적 건강만큼 정신 건강을 돌봐야 한다.

다섯, 건강한 교회는 사모가 행복하다.

여섯, 교회가 성장하려면 내가 끊임없이 성장해야 한다.

일곱, 사역자에게 쉬운 사역보다 더 중요하다.

일곱 가지 원리 중 처음 다섯 가지는 교회가 놓쳐서는 안 되는 부분이고, 마지막 두 가지는 사역자가 놓치면 안 되는 원리다. '새들백교회에서 배운 일곱 가지 원리'는 새들백교회가 지난 45년 동안 의도 있게 설계하고 노력해 온 결과라고 자신 있게 말할 수 있다. 성장에는 방법과 원리가 있다. 방법은 문화에 따라 다를 수 있지만, 원리는 문화를 초월해서 적용될 수 있다. 그런 의미에서 일곱 가지 원리는 미국 교회에서든 한국 교회에서든 효과적일 것이라고 믿는다.

지난 9년 동안 한국 교회와 이민 교회에서 새들백교회를 많이 찾아와 주셨다. '새들백교회 투어'로 만난 많은 분들에게 추가적으로 알려 드리고 싶은 내용을 이 책에 담았다. 건물을 보여 주고 설명을 드렸지만, 그보다 더 중요하게 생각되는 내용들을 소개할 시간이 없었다. 따라서 그분들과 함께 시간 제약 없이 커피 한 잔 하며 교회 이야기를 나눈다면 드리고 싶었던 이야기들을 정리했다.

새들백교회를 방문해 보았든 방문할 기회가 없었든, 지난 9년 동안 한국인 사역자가 미국 교회에서 씨름하며 배운 내용들을 충분히 이해할 수 있는 시간이 되기를 원한다. 교회를 사랑한다면, 교회가 세상의 소망이라 믿는다면 함께 교회 이야기를 나누어 보기를 원한다.

주차장에서 교회로 들어가는 입구이다. "Welcome"(환영합니다), "We're glad you're here!"(당신이 온 것을 환영합니다)는 문구는 교회에 들어올 때부터 기분을 좋게 한다.

1

무슨 사역을 하느냐보다
어떻게 하느냐가
중요하다

새들백교회를 섬기며 가장 행복한 시간 중 하나는 사랑하는 한국 교회와 한인 이민 교회에서 새들백교회 투어 요청이 들어올 때다. 방문 목적과 필요에 따라 교회 건물을 보여 드리기도 하고 건물에 담긴 철학을 설명해 드리기도 한다. 그중에서도 나는 질의응답 시간을 가장 좋아한다. 질문을 통해 한국 교회의 고민과 이슈를 함께 나누고, 새들백교회라면 어떻게 할지 나누다 보면 시간이 쏜살같이 지나간다. 투어에 참여한 많은 분들 역시 질의응답 시간이 가장 도움이 많이 되었다고 이야기하곤 한다.

지난 9년 동안 새들백교회 투어를 하면서 수많은 질문을 받았다. 하지만 이 질문을 물어봐 주었으면 했는데 흔히 듣지 못한 질문이 있어, 그 질문으로 이 장을 시작해 보려 한다. 바로 "새들백교회의 문화는 어떠한가?"이다.

당신의 교회는 어떤 문화를 갖고 있는가

우리는 '문화'(culture)라는 단어가 매우 중시되는 시대를 살아가고 있다. 특히 사업체와 조직에서는 더욱 그렇다. 〈포브스〉(Forbes) 지에 의하면, '회사 문화'(company culture)에 관한 기사가 지난 2019년 50만 개에서 2024년 200만 개로 네 배나 늘었다고 한다. 그만큼 회사와 조직이 "무엇을 하느냐?"보다 "어떻게 하느냐?"라는 질문을 많이 하고 있다는 것을 엿볼 수 있다. 〈포브스〉지는 문화를 "공동체의 살아 있는 성격, 그 회사가 중시하는 가치와 행동"이라 정의한다.

문화가 교회와 무슨 상관이 있을까? 교회에 있어서도 문화가 (그중에서도 교직원 문화가) 중요한 이유는 문화가 교회의 비전을 이루는 시스템의 윤활유가 되기 때문이다. 실제로 새들백교회 투어에서 시스템에 대한 질문을 많이 받고 있다. 새들백교회가 무슨 사역을 하는지에 대한 질문이다.

"새들백교회는 젊은 부부를 초청하고 유지하기 위해 무엇을 하나요?"

"시니어 사역은 무엇이 있죠?"

"아이들 대상 프로그램은 무엇을 사용하고, 학생들 커리큘럼은 무엇을 사용하나요?"

"예배팀은 무슨 소프트웨어를 사용하나요?"

"새들백교회 교역자들은 무슨 책을 읽나요?"

'무엇을 하느냐?'를 시스템이라 한다면, 그 무엇을 '어떻게', 더 정확하게 말한다면 '어떤 신념을 갖고 하느냐?'가 곧 교회의 문화라 하겠다. 시스템이 '무엇'을 묻는 것이라면, 문화는 그 무엇을 실행할 때 '마음가짐'을 묻는 셈이다. 풀어 설명하면 '시스템=무엇을 하느냐'이고, '문화=어떻게(어떤 마음으로) 하느냐'이다.

시스템 vs 문화

그렇다면 여기서 중요한 질문을 하나 하겠다. 시스템이 중요할까, 문화가 중요할까? 정답은, 둘 다 중요하다. 하지만 새들백교회는 무엇을 더 강조하는가를 돌아보면, 문화에 대한 언급과 훈련이 훨씬 더 많았다. '무엇'보다 '어떤 마음'으로 하는가가 교회의 건강과 성장에 더욱 큰 영향을 미치고, '무엇'에 신경 쓰는 것은 쉽지만 '어떻게'는 의도를 갖고 하지 않으면 놓쳐 버릴 수 있기 때문이다.

몇 년 전, 새들백교회에서 25년 이상 사역한 목사와 함께 한국을 방문한 적이 있다. 교회에서 오랫동안 중요한 역할을 맡아 왔고 릭 워렌 목사와도 가깝게 지낸 사역자이기에 많은 질문을 했다. 특히 그는 은퇴를 준비하고 있었기에 이런 질문을 했다. "은퇴를 준비하면서 현재 가장 집중하고 있는 것은 무엇인가?" 이 질문에 그는 조금의 망설임도 없이 "새들백교회의 문화를 지키고 다음 세대 리더들에게 전달하는 것"이라고 대답했다.

미국에 이런 말이 있다. "Culture eats systems for

breakfast"(문화는 시스템을 아침 식사로 먹는다). 이는 아무리 잘 짜인 시스템도 문화가 뒷받침되지 않으면 결국 무너진다는 뜻이다. 문화가 받쳐 주지 않으면 겉으로는 잘 돌아가는 것같이 보여도 긴 시간을 놓고 보면 효율적이지도, 효과적이지도 않은 것이다.

그래서 새들백교회는 교직원의 문화와 신념을 형성하고 지키는 데 집중하고 있다. 그리고 이것이 바로 새들백교회가 오랫동안 건강하게 성장하는 비결이라 생각한다.

새들백 교직원 12계명

새들백교회 교직원이 되는 과정에서 가장 중요한 부분 중에 하나는 "새들백 교직원 12계명"(편리를 위해 이 책에서 '12계명'으로 부르지만, 열두 가지 가치를 뜻함)을 읽고 서약하는 것이다. 다음 12계명은 새들백 교직원이라면 서로가 약속하며 지켜야 하는 마음가짐이다. (영어 표현을 먼저 소개하고, 한글로 번역함을 이해해 주기 바란다.)

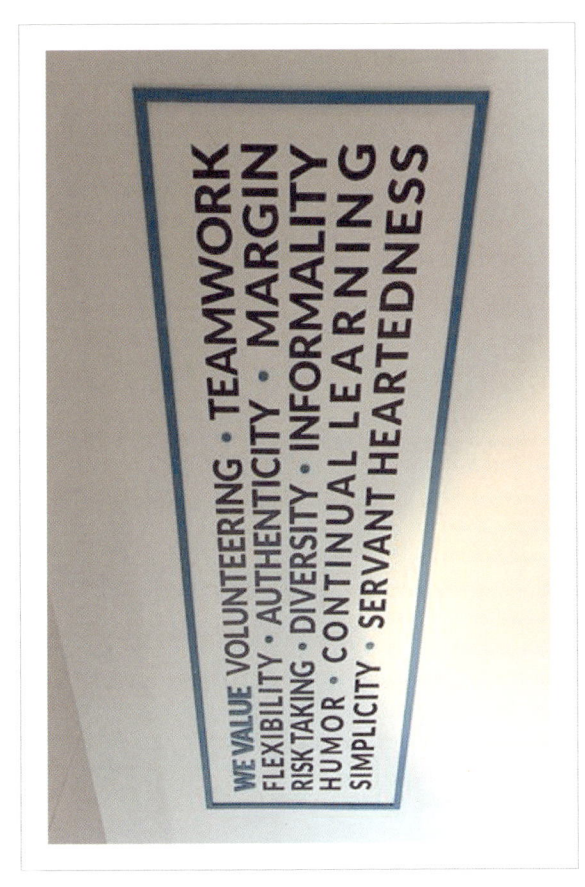

새들백 교직원 12계명

새들백의 모든 교직원이 서약하는 열두 가지 가치가
사무실 복도에 새겨져 있다.

새들백 교직원 12계명

1 | **WE VALUE VOLUNTEERING.**

Our job as a staff is not to do the ministry, but to involve every member in ministry.

우리는 <u>성도의 섬김</u>을 중시한다.

교직원의 책임은 사역을 직접 하는 것이 아니라 모든 교인이 자신의 사역을 찾아 할 수 있게 돕는 것이다.

그것은 성도들을 준비시켜서, 봉사의 일을 하게 하고, 그리스도의 몸을 세우게 하려고 하는 것입니다(엡 4:12, 새번역).

2 | **WE VALUE SERVANT HEARTEDNESS.**

People are not interruptions to your ministry. They are your ministry!

우리는 <u>낮은 자로서 섬기는 마음</u>을 중시한다.

사람들은 사역을 방해하는 요소가 아니라 사역의 대상이다.

인자가 온 것은 섬김을 받으려 함이 아니라 도리어 섬기려 하고 자기 목숨을 많은 사람의 대속물로 주려 함이니라(마 20:28).

3 | **WE VALUE DIVERSITY.**

Build on the strengths of those on your team so that their weaknesses become irrelevant.

우리는 <u>다양성</u>을 중시한다.

각 팀원들의 강점을 살려 그들의 약점이 문제가 되지 않게 하라.

너희는 그리스도의 몸이요 지체의 각 부분이라(고전 12:27).

4 WE VALUE **AUTHENTICITY.**

You don't have to be perfect to serve on this staff-but you do have to be authentic.

우리는 진실함을 중시한다.

새들백 교직원은 완벽하지 않아도 된다. 하지만 반드시 진실해야 한다.

이에 숨은 부끄러움의 일을 버리고 속임으로 행하지 아니하며 하나님의 말씀을 혼잡하게 하지 아니하고 오직 진리를 나타냄으로 하나님 앞에서 각 사람의 양심에 대하여 스스로 추천하노라(고후 4:2).

5 WE VALUE **INFORMALITY.**

It is more important to be personal than professional!

우리는 허물 없는 편안함을 중시한다.

프로페셔널하기보다 인간적인 것이 더 중요하다.

마지막으로 말하노니 너희가 다 마음을 같이하여 동정하며 형제를 사랑하며 불쌍히 여기며 겸손하며(벧전 3:8).

6 WE VALUE **SIMPLICITY.**

We adhere to the "good enough" principle.

우리는 단순함을 중시한다.

"그 정도면 훌륭해" 원칙을 따른다.

그렇다. 다만 내가 깨달은 것은 이것이다. 하나님은 우리 사람을 평범하고 단순하게 만드셨지만, 우리가 우리 자신을 복잡하게 만들어 버렸다는 것이다(전 7:29, 새번역).

7   WE VALUE **FLEXIBILITY,**

Blessed are the flexible-for they shall not be broken! We have made the decision that we value GROWTH over CONTROL!

우리는 융통성을 중시한다.

유연한 자는 복이 있으니-부러지지 않을 것이라! 우리는 통제보다 성장을 더 중시하기로 했다.

새 포도주를 낡은 가죽 부대에 넣지 아니하나니 그렇게 하면 부대가 터져 포도주도 쏟아지고 부대도 버리게 됨이라 새 포도주는 새 부대에 넣어야 둘이 다 보전되느니라(마 9:17).

8   WE VALUE **TEAMWORK,**

We hate gossip. We strive for humility.

우리는 팀워크를 중시한다.

우리는 뒷담화를 증오한다. 우리는 겸손을 끊임없이 추구한다.

아무 일에든지 다툼이나 허영으로 하지 말고 오직 겸손한 마음으로 각각 자기보다 남을 낫게 여기고 각각 자기 일을 돌볼뿐더러 또한 각각 다른 사람들의 일을 돌보아 나의 기쁨을 충만하게 하라(빌 2:3-4).

9   WE VALUE **CONTINUAL LEARNING,**

Growing churches require growing leaders.

우리는 끊임없는 성장을 중시한다.

성장하는 교회에게는 성장하는 리더가 필수적이다.

지혜를 얻는 자는 자기 영혼을 사랑하고 명철을 지키는 자는 복을 얻느니라(잠 19:8).

10   **WE VALUE MARGIN.**

Rest is not just a good idea. It is God idea.

우리는 쉼을 중시한다.

쉼은 그저 좋은 아이디어가 아니라 하나님의 명령이다.

일찍 일어나고 늦게 눕는 것, 먹고 살려고 애써 수고하는 모든 일이 헛된 일이다. 진실로 주님께서는, 사랑하시는 사람에게는 그가 잠을 자는 동안에도 복을 주신다(시 127:2, 새번역).

11   **WE VALUE HUMOR.**

We take God very seriously, but not ourselves.

우리는 유머를 중시한다.

우리는 하나님을 진중히 여기지만 우리 자신은 가볍게 여길 줄 알아야 한다.

즐거운 마음은 병을 낫게 하지만, 근심하는 마음은 뼈를 마르게 한다(잠 17:22, 새번역).

12   **WE VALUE RISK TAKING.**

Make at least one mistake a week. Just not the SAME mistake!

우리는 모험 의식을 중시한다.

한 주에 최소 하나쯤 새로운 실수를 해라. 하지만 같은 실수를 반복하지는 말라.

이에 예수께서 그들의 눈을 만지시며 이르시되 너희 믿음대로 되라 하시니(마 9:29).

건강한 문화 만들기

새들백 교직원 12계명을 보면서 어떤 생각이 드는가? 특별히 더 눈이 가는 가치가 있는가? 〈포브스〉지는 문화를 "공동체의 살아 있는 성격"이라고 표현했는데, 이 12계명은 새들백교회의 '성격'이다.

　새들백교회를 방문하면 느껴지는 분위기가 있다. 마음이 편안해지고, 진중하지만 밝으며, 자유롭지만 책임감 있는 분위기다. 교직원들 사이에 서로의 발전을 위해 밀어 주고 끌어 주는 공기가 느껴진다. 서로가 솔직하지만 뒷담화는 없다. 개인주의가 강한 서구 사회에서 특별한 팀워크를 느낄 수 있다. 이 모든 것이 새들백 교직원의 문화다. 그리고 이러한 분위기를 조성하는 것이 바로 12계명이다.

　건강한 교회 문화를 만들기 위해서는 반드시 가치를 세워야 한다. 내가 교회 사무실에 갈 때마다 편안함을 느끼는 이유는 4번부터 7번까지의 가치(진실함, 허물 없는 편안함, 단순함, 융통성)가 조화를 이루기 때문이다. 또한 진중하지만 밝음을 느낄 수 있는 까닭은 4번(진실함), 9번

(끊임없는 성장), 11번(유머), 12번(모험 의식) 가치가 조화를 이루기 때문이라고 생각한다. 교직원들 사이에서 서로의 발전을 위해 주고 마련해 주고 끌어 주는 공기는 9번(끊임없는 성장), 12번(모험 의식), 3번(다양성)과 8번(팀워크) 가치의 조화 때문이다.

당신의 교회는 어떤 '성격'을 가지고 있는가? 교회를 방문한 사람이나 기존 구성원이나 교역자 사이에서 느껴지는 분위기는 어떠한가?

문화는 여러 가치들이 모여 오랜 시간 반복되었을 때 만들어진다. 그렇다면 '따뜻한 교회 문화'를 만들고자 한다면 어떤 가치가 세워져야 할지 생각해 보자. '따뜻함'을 가치로 세우기보다는 어떠한 행동을 할 때 우리가 따뜻함을 느끼는지 생각해 보면 된다.

우리는 잘못을 너그럽게 넘어갈 때 따뜻함을 느낀다. 그러면 '너그러움'이 가치가 될 수 있다. 또 우리는 친절함과 섬김을 받을 때 따뜻함을 느낀다. 그럼 '친절함'이 또 다른 가치가 될 수 있다. 한 가지 더하자면, 따뜻한 곳에는 급함이 없다. 곧 '편안함 혹은 여유'가 세 번째 가치가 될 수 있을 것이다. 따뜻한 교회를 만드는 것이 목적이라면 가치를 '따뜻함'으로 정하기보다는 '너그러움', '친절함', 그리고 '여유'로 세울 때 따뜻한 교회 분위기가 조성될 것이다.

내가 가장 놀란 새들백 교직원의 가치들

열두 가지 가치들을 처음 봤을 때 단번에 이해된 것도 있었지만 고개를 갸우뚱하게 만드는 항목도 있었다. 언뜻 '그저 좋은 말들만 다 갖다 섞어 놓았겠지. 이 가치들을 다 지켜 낼 리 없어'라고 생각했지만, 그 가치들이 눈앞에서 시행되는 것을 보며 놀랐던 몇 가지 사례가 있어 소개한다.

우리는 허물 없는 편안함을 중시한다(가치 5)

첫 번째는 새들백 교직원들이 서로 허물 없이 편안하게 대하는 것이었다. 영어로는 'Informality'(약식)인데 'Casual'(간편함)이라는 단어와 비슷한 뜻을 갖고 있다.

즉 필요 이상의 격식은 팀원들 간에 불편함을 일으키고 부자연스러움을 가져다준다는 생각에서 "우리는 서로 허물 없이 편안하게 대하자"고 서약한 것이다. 그리고 그 아래에는 다음과 같은 설명이 덧붙여 있다. "프로페셔널하기보다 인간적인 것이 더 중요하다."

기업에서뿐만 아니라 교회 사역자들도 프로의 자세를 최고 가치로 삼는 경우가 있다. 물론 중대한 사명을 가진 자로서 프로 의식을 갖는 것은 중요하다고 생각한다. 나도 그러한 마음으로 목회자의 길을 꿈꿔 왔다.

하지만 때로는 지나친 프로 의식이 성도나 동역자로 하여금 접근하기조차 어려운 대상으로 느끼게 할 수가 있다. 이것은 양과 목자의 관계 형성에 방해가 될 뿐 아니라 동역자 관계를 어렵게 한다. 새들백교회는 그런 교회가 되고 싶지 않다고 정한 것이다.

절대로 목회자의 사명을 가볍게 여기는 마음이 아니다. 그저 '프로 목사'라는 느낌보다 '허물 없이 편안한 사역자'로서 교감을 이루기 원하는 것이다.

누구보다 다른 사역자에게 프로 의식을 요구할 수 있는 목사가 있다면 릭 워렌 목사일 것이다. 한 교회를 개척해 42년 동안 사역을 하며 미국에서 가장 영향력 있는 교회로 세워 갔고, 교회의 벽을 넘어 경제계, 정치계, 미디어계 등에서 목사로서 대변을 많이 해 왔기 때문이다. 그런데 그는 교직원들에게 프로 의식을 요구하지 않고 편안한 사역자가 될 것을 당부했다.

릭 워렌 목사와 오랫동안 사역해 온 한 목사에게 오랜 시간 봐 온 릭 워렌 목사를 한마디로 소개해 달라고 했을 때 그는 이렇게 대답했다. "He is a genius average Joe." 우리말로 "그는 천재인 철수다"라는 뜻이다. 즉 릭 워렌 목사는 천재적인 은사가 있지만 철수같이 친근한 목사라는 것이다. 부교역자들과 피자 한 판 시켜 놓고 농담을 나누며 몇 시간씩 이야기해도 전혀 이상하지 않은 평범함이 그와 30년 동안 사역한 부교역자가 뽑은 그의 특별함이었다.

그리고 여기서 한 가지 중요한 것은, 교회의 문화는 담임 목사가 앞장서서 지킬 수 있는 것이어야 한다는 것이다. 부교역자만 지키는 가치는 문화를 조성하는 것이 아니라 감옥을 조성할 뿐이다.

우리는 유머를 중시한다 (가치 11)

두 번째로 놀랐던 새들백교회의 가치는 '유머'다. 이 가치는 실행하기 어려웠다기보다는 왜 지켜야 하는지 이유를 이해할 수가 없었다. 물론 유머는 함께 있는 사람의 긴장을 풀어 줄 뿐만 아니라, 웃음은 팀 분위기를 살린다는 것을 모두가 느껴 봤을 것이다. 그래서 새들백교회는 유머라는 가치를 중시하고 모두가 참여할 것을 약속하는 것이다.

처음 인턴으로 사역할 때 이 가치를 실행하기가 너무 어려웠다. 서양 유머와 동양 유머가 다르기 때문이다. 물론 미국에서 생활한 지 15년이 넘었을 즈음 새들백교회에 들어간 것이었지만 그간 한인 공동체에만 속해 있었기에 외국인들과 농담을 주고받으며 지낸 환경이 아니었다. 그래서 유머라는 가치가 좀 당황스러웠던 것 같다.

나는 노력해야 했다. 미국 시트콤 "프렌즈"와 "사인필드" 등을 보며 서양 유머를 터득해야 했다. 하지만 유머를 머리로 터득할 수 있는가? 배운 유머를 시도하고 실험해 보는 과정에서 많은 시행착오가 있었다. 유머의 선이 어디까지인지도 알아야 했다. 때로는 그 선을 넘어 오해를 사기도 했다.

오해를 받으면서까지도 유머라는 가치를 표현해 내고자 했던 이유는 새들백 교직원으로서 나도 이 가치를 살아 내야 했기 때문이다. 교직원이 아닌 공동체를 이루는 한 구성원으로서 가치를 함께 세워 나가고 싶었다.

담임 목사로서 혹은 부교역자로서 교회의 가치가 나와 맞지 않는다고 느껴질 때도 있을 것이다. 하지만 교회가 세워 놓은 가치에 참여하면서 건강한 문화를 만들어 가는 것만큼 뿌듯한 일도 없을 것이다.

유머를 실천하기 위해 노력하면서 도움이 되었던 것은 "우리는 하나님을 진중히 여기지만 우리 자신은 가볍게 여길 줄 알아야 한다"는 첨부된 설명이었다. 나 자신을 너무 진중히 여기면 어떠한 이미지를 지켜야 한다는 부담이 커질 수 있고 팀원들 사이에 벽이 생길 수도 있다. 나 또한 '목사는 이래야 해. 목사는 저러면 안 돼'라고 생각했던 것들 중 불필요한 무게를 내려놓고 편안함과 유연함을 도모하는 사역자가 되어야 했다.

서양 유머도 9년 동안 꾸준히 연습하다 보니 실력이

늘어난 것 같다. 이제는 동역자들이 "케빈, 너는 참 웃긴 애야"라고 말할 때가 종종 있다. 그럴 때마다 변화된 내 모습에 기쁘다기보다 새들백교회의 문화에 기여하는 공동체의 일원이 된 것에 뿌듯함을 느낀다.

우리는 단순함을 중시한다 (가치 6)

코로나19 팬데믹 전 매주 3만 명이 모이고, 500여 명의 교직원들과 8천 개의 소그룹이 있고, 미국, 홍콩, 필리핀, 독일, 아르헨티나를 포함해 18개의 지교회가 있는 새들백교회를 단순하다고 표현하기는 어려울 것이다. 하지만 반대로, 단순함을 추구하지 않았다면 지금의 새들백교회가 될 수 없었을 것이다.

존 파이퍼(John Piper) 목사는 이렇게 말했다. "세상에서 지속적인 변화를 이루기 위해 많은 것을 알 필요는 없습니다. 하지만 몇 안 되는 중요하고 위대한 것들, 어쩌면 하나만 알고 그것을 위해 기꺼이 살고 죽을 수 있어야 합니다. 세상에 지속적인 변화를 가져오는 사람들은 많은 것을 마스터한 사람들이 아니라 하나의 위대한

것을 마스터한 사람들입니다."¹

교회도 마찬가지다. 위대한 교회는 모든 사역을 잘하는 교회가 아니라 몇 개의 사역을 위대하게 하는 교회다.

처음 새들백교회 인턴이 되었을 때 많은 사역을 배울 수 있겠다는 기대감이 굉장히 컸다. 하지만 사역을 하면 할수록 실망감이 커져 갔다. 생각했던 것보다 대단하지 않았기 때문이다. '새들백교회는 미국에서 가장 큰 교회 중 하나인데…. 한국 교회가 잘하는 부분이 훨씬 많은 것 같은데…'라고 생각했다.

한 가지 예로, 온라인 사역팀에 들어가 처음으로 생방송으로 사역을 인도한 날이었다. 나는 현란한 조명과 멋진 카메라, 그리고 고가의 마이크를 기대했다. 하지만 녹화장이 아닌 사무실에서, 온라인 쇼핑몰에서 저렴하게 구매한 듯한 천으로 배경을 만들었고, 집에서 볼 수 있는 평범한 스탠드로 조명을 설치했다. 컴퓨터에 달려 있는 웹캠보다 조금 좋은 카메라와 두 명이 번갈아 가며 사용해야 하는 마이크가 전부였다. 겉으로 보기에 '새들백 프로덕션'이라고 하기엔 굉장히 실망스러운 세팅이었다. 집으로 돌아오면서 '새들백교회라고 다 화려한 게 아니구나'라고 생각했다.

하지만 어느 순간부터 '이것이 새들백의 저력'이라는 생각이 들기 시작했다. 새들백교회는 새들백이라는 네임 브랜드 때문에 완벽을 추구하는 것이 아니라 시작의 단순함을 추구한다. 모든 것을 완벽하게 할 수 있는 환경은 오지 않는다는 것을 알기에 부족한 모습일지라도 시도하고 도전한다는 점이 눈에 들어오기 시작했다.

여섯 번째 가치 아래 첨부된 문구를 보면, 새들백교회는 단순함을 추구하기 위해 "그 정도면 훌륭해" 원칙을 따른다고 설명한다. "그 정도면 훌륭해" 원칙은 모두가 최선을 다해 사역에 임했지만 예상했던 결과에 미치지 못했을 때 서로에게 "그 정도면 훌륭해" 하며 응원하는 문화다.

우리는 때로 사역을 너무 잘하고 싶은 나머지 사역의 대상인 사람들에게 상처를 준다. 그리고 자신에게 가장 엄격한 기준을 세워 사역이 끝난 후 자책을 하는 경우도 빈번하다. "그 정도면 훌륭해"라는 말은 사역의 완벽성을 추구하다가 성도나 동역자에게 상처 주는 것을 막는 보호 장치다. 선임으로서 더욱 멋진 사역을 원했지만 결과에 만족하지 못했을 때에도 서로에게 "그 정도면 훌륭해" 하며 다독여 주는 것은 은혜 그 자체다.

이 말은 첫 번째로 위로를 주고, 두 번째로 발전을 도모한다. 위로받은 사역자들에게 더욱 열심히 하고자 하는 마음을 심어 주는 말이다. 정체된 말도 아니고, 비꼬는 말도 아니다. 응원의 메시지이자 교회 전체가 힘입어 발전할 수 있는 발판이 되는 말이다. 이 마음을 갖기 위해서는 모두가 멀리 볼 수 있는 관점과 인내가 필요하다.

'이번 사역이 나의 유일한 기회다'라고 생각해 좋은 결과를 내고 싶은 나머지 함께하는 사람들을 조일 때가 있다. 하지만 사역자들은 늘 기억해야 한다. 사람은 사역의 대상이지 사역의 도구가 아니라는 것을 말이다. 사역의 좋은 결과, 나쁜 결과 모두 서로의 발전을 위한 것이고 교회 성장을 위한 발판으로 볼 줄 알아야 한다.

또 새들백교회는 단순함이라는 가치를 세우기 위해 '하나의 사역을 더하면 또 다른 사역 하나는 꼭 뺀다'는 방법론을 갖고 있다. 대형 교회라면 이 사역도 해야 하고, 저 사역도 해야 한다고 생각하지 않는가? 이 예배도 있어야 하고, 저 예배도 있어야 한다고 생각하지 않는가?

실제로 새들백교회에 왔을 때 나는 주일 예배는 당연하고 주중 예배 등 매일 사역이 있지 않을까 생각했다. '개척 교회를 섬길 때도 매일 새벽 기도회가 있었고, 수요 예배가 있었고, 금요 예배가 있었고, 주일 예배가 있었다. 대형 교회니까 예배와 사역이 얼마나 많겠어.' 그런데 놀라웠다. 주일 예배밖에 없었다. 정말이다. 새들백교회 공예배는 주일 예배밖에 없다.

물론 수요 예배를 드리던 때가 있었다. 평균 1,500명 이상이라는, 주일 예배 때 못지않게 많은 사람이 모였었다. 수요 예배는 담임 목사의 매부이자 릭 워렌 목사만큼이나 설교의 은사가 있는 탐 홀리데이 목사가 인도했다.

그런데 수요 예배를 그만 드리게 된 이유가 기가 막히다. 하루는 릭 워렌 목사가 성도들의 소그룹 참여율이 저조하다는 것을 알고는 전체 사역자에게 왜 참여율이 저조한지, 그리고 어떻게 하면 참여율을 높일 수 있을지를 연구해 보라고 했다. 시간이 지나 탐 홀리데이 목사와 소그룹 담당 목사는 릭 워렌 목사를 찾아가 소그룹 참여율을 높일 수 있는 방법을 제안했다. 그들이 제시한 것은 바로 수요 예배를 없애는 것이었다.

당황한 릭 워렌 목사는 수요 예배를 없애는 것이 어떻게 소그룹 참여율을 높일 수 있는지 물었다. 그때 그들은 설문조사 및 연구 결과, 바쁜 일상을 보내는 성도들이 수요 예배에도 나오고, 주일 예배에도 나오고, 다른 날에 소그룹까지 참여하는 것을 부담스러워한다고 대답했다. 사역자들의 생각에 그 정도 헌신은 당연한 것 아닌가 싶을 수 있지만, 성도들은 신앙의 깊이가 모두 다르기 때문에 무조건 강요할 수 없다고 생각했다.

바로 그때 릭 워렌 목사는 더 이상 수요 예배로 모이지 않고, 참석하는 모두가 가정에서 소그룹을 인도할 것을 도모했다. 그리고 그해에만 새들백교회에 3천 개의 새로운 소그룹이 시작되었다.[2]

사역자들은 사역을 더 많이 하는 것을 좋아한다. 그리고 담임 목사도 이를 요구한다. 교회는 이 사역도 해야 할 것 같고, 저 사역도 해야 할 것같이 느낀다. 옆 교회가 어떤 사역을 해서 부흥했다고 하면 그 사역을 어떻게 해서든 더 하려고 한다. 하지만 릭 워렌 목사는 "성장은 건강한 공동체의 자연스러운 결과이기 때문에,

성장을 위해 무엇을 하기보다 성장을 막는 무엇을 제거할 때 성장이 일어난다"고 말한다. 그만큼 단순함을 중시했다.

나눔을 위한 질문

1 우리 교회 혹은 내가 섬기는 공동체에는 어떤 문화가 형성되어 있다고 느끼는가? 방문자나 성도, 사역자가 느끼는 '공기'는 어떠한가?

---

2 '시스템'과 '문화' 중 무엇이 더 중요하다고 생각하는가? 우리 교회는 어느 쪽에 더 많은 에너지를 쓰고 있다고 느끼나?

---

3 이 장에 소개한 '새들백 교직원 12계명' 중 가장 공감되거나 우리 교회에 꼭 세워졌으면 하는 가치는 무엇인가? 왜 그렇게 생각하나?

---

4 당신이 방문하고 경험했던 교회 중 가장 놀라웠던 교회는 어디였는가? 그 이유는 무엇이었나?

---

5 교회 리더십이 앞장서서 지키는 문화와 그렇지 않은 문화는 어떤 차이를 만든다고 생각하는가? 당신은 그 문화를 지키는 데 있어서 어느 위치에서 어떤 노력을 할 수 있는가?

초등부에 새롭게 온 학생들과 부모들을 맞이하는 입구에 놓인 "NEW HERE?" 배너이다. 처음 방문한 사람들이 낯설지 않도록 전도 친화적 문화를 유지한다.

2

성장하는 교회는 전도의 끈을 느슨히 하지 않는다

"All healthy things grow"(모든 건강한 생물체는 성장한다)라는 릭 워렌 목사의 말은 새들백교회의 사역이 건강한지, 아닌지를 확인할 수 있는 좋은 잣대가 된다.

교회에 있어 성장이란 양적 성장인가, 질적 성장인가를 논할 수 있겠지만, 우리는 교회가 건강하다면 양질의 성장이 동시에 일어날 것이라고 믿는다. 그리고 양질의 성장에 있어 환경적 요인은 분명히 있다. 교회가 주민이 별로 없는 지역에 위치해 있다면 환경적으로 양적 성장을 기대하기는 어렵다.

실제로 릭 워렌 목사가 45년 전 캘리포니아 오렌지

카운티에 개척을 결심한 이유는 그때 당시 가장 빨리 발전하고 있는 도시였기 때문이다. 새들백교회는 빠르게 자라는 도시와 함께 빠르게 성장했다.

하지만 그 시기 오렌지 카운티에 새들백교회만 있었던 것은 아니다. 새들백교회는 많은 교회가 같은 때, 같은 환경에서 시작되었음에도 불구하고 양적으로는 미국에서 가장 큰 교회로 성장했고, 질적으로도 건강한 교회가 되었다. 새들백교회의 성장은 절대 저절로 이루어지지 않았으며, 전도에 열심을 다했다. 그리고 45년이 지난 지금도 전도의 끈을 절대 느슨히 두지 않는다.

2025년 창립 45주년이 되는 새들백교회는 여러 관점에서 봤을 때 자리 잡힌 교회처럼 보인다. 성도 수, 재정, 인지도와 영향력 외에도 모든 것이 교회의 안정을 말해 주고 있다. 보통 교회가 안정기에 돌입하면 전도에 느슨해지는 경우가 많다. 특별 집회를 기획했을 때에나 전도를 권유할 뿐 일반 주일 예배는 기존 성도들을 위한 시간으로만 바라볼 때가 많다.

하지만 새들백교회에서 사역하면서 놀랐던 점은 매 예배와 교회의 많은 사역이 기존 성도들이 언제든지 전도할 수 있고 초신자가 쉽게 방문할 수 있도록 기획된다는 것이었다.

교회의 관심이 '초신자'에서 '기존 신자'로 맞춰지는 순간, 밖을 보지 못하고 안에 있는 것만 바라보는 교회가 된다. 모든 것이 그렇듯, 밖을 내다보지 않으면 초점이 안쪽으로 굽어지게 되고, 그러면 유입이 없어지기에 성장이 더뎌지고, 결국 멈출 수밖에 없다. 또 성장이 멈추면 성도 수가 그대로 유지되는 것이 아니라 오히려 더 빠지고, 그러다 보면 쇠퇴는 시간문제다.

전도에 특화된 '전도 친화적 교회'를 만드는 것은 성장을 위해서만이 아니다. 교회가 존재하는 이유, 마태복음 28장 18-20절에 기록된 대사명을 생각할 때 교회는 속한 지역 사회에 복음을 제시하고 그들을 제자 삼아야 한다.

건강한 교회가 되기 위해서는 안쪽으로 굽은 시선을 바깥으로 향하게 해야 한다. 교회의 초점을 바깥으로 옮기는 것만으로도 교회의 성장을 도모하게 될 것이고, 교회의 사명을 감당함으로 교회 성장의 선순환을 일으키게 될 것이다.

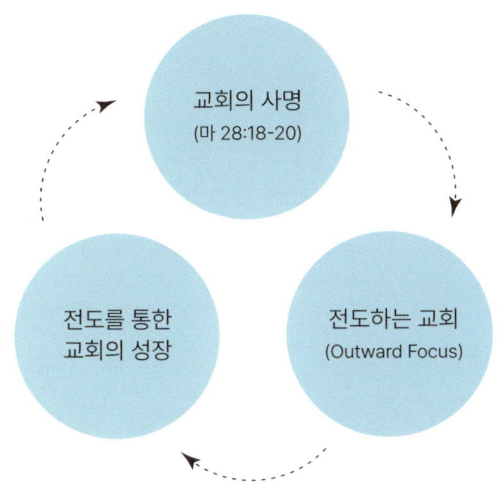

교회 성장의 선순환

교회의 사명은 시선을 밖으로 향하게 하고,
이는 전도를 통한 교회의 성장을 이루는 선순환을 일으킨다.

기존 성도 vs 전도 대상자

혹시 교회 내에서 "예배가 뜨겁지 않아요", "담임 목사님의 설교가 깊지 않아요"라는 말을 들어 본 적이 있는가? 그렇다면 우리가 섬기는 교회의 성도들은 예배를 나의 성장과 필요를 채우는 통로로만 생각할 가능성이 높다.

물론 이 생각이 완전히 틀린 것은 아니다. 하나님은 예배를 통해 기존 성도들에게 말씀하시고 그들의 필요를 채워 주시는 것이 분명하다. 하지만 이 견해가 주일 예배의 유일한 목적이 된다면, 그것은 분명히 교회의 사명에 걸림돌이 되는 것이 사실이다.

새들백교회에서도 이런 말을 듣지 않는 것은 아니다. 주일 예배 때 선포되는 말씀에 초신자가 이해할 만한 내용보다는 깊은 성경 지식과 역사에 대한 설명을 담아내기를 요구하는 목소리도 많이 있다. 하지만 새들백교회는 교회를 처음 방문하는 사람들이 있을 것이라 생각해 교회의 문턱을 낮추려고 끊임없이 노력한다. 설교자는 교회에 처음 온 사람이라도 듣고 이해할 수 있는 말씀을 준비한다.

새들백교회가 기존 성도보다 초신자들에게 초점을 맞추는 이유는 성장의 선순환이 있듯이 교회가 쇠퇴하는 악순환이 있다는 것도 잘 알기 때문이다.

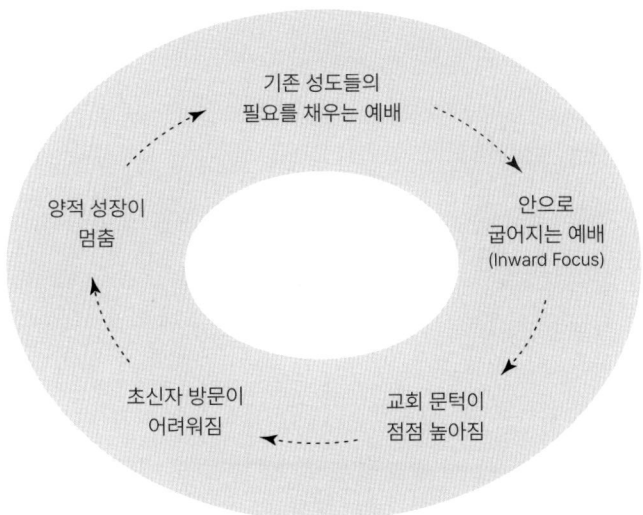

교회 쇠퇴의 악순환

교회의 시선이 기존 성도들의 필요를 채우는 예배로 쏠리면 교회에 들어서는 문턱은 점점 높아지고, 초신자가 방문하는 것이 어려워지며, 양적 성장이 멈춤으로 인해 기존 성도들을 붙잡기 위해 더욱더 그들의 필요를 채우는 예배를 드리는 악순환이 일어날 수 있다.

 기존 성도들의 필요를 채우는 데 초점을 맞추다 보면 교회는 안쪽(내부적)으로 관심이 기울어진다. '팔이 안으로 굽는다'는 말처럼 초점이 안쪽으로 굽어지면 교회 문턱이 점점 높아질 수밖에 없다. 설교가 더욱 깊어진다는 것은 반대로 비신자가 더욱 이해하기 어려워지는 설교를 말하고, 그러다 보면 교회는 더욱 방문하기 어려운 곳이 될 것이다.

이때 교회 성장과 건강에 가장 독이 되는 현상이 성도들의 마음 가운데 생겨날 수 있다. 그것은 바로 '우리 교회는 비신자를 데려오기 어렵다'고 생각하는 것이다. 성도가 이 말을 입 밖으로 내지는 않지만 이를 직감적으로 인지하고 전도를 멈추게 되는 것이 악순환의 시작이다.

전도하지 않는 성도들에게 "왜 전도하지 않습니까?"라고 물어보면 생각보다 많은 사람들이 "담임 목사님이 어떤 설교를 할지 몰라서요. 괜히 예배에 초대했다가 안 좋은 경험을 하고 돌아가면 관계마저도 틀어질 것 같아서요"라는 우려의 목소리를 전한다.

기존 성도들은 물론 자신의 영적 성숙과 필요에 대한 채움을 받기 원한다. 하지만 교회가 오직 기존 성도들의 필요를 채우기 위해 존재한다면 어느 순간 교회는 성도들이 자신의 가족, 친구, 지인을 데려오기 어려운 곳으로 변화되어 있을 것이다. 이는 성장의 멈춤으로 이어지고, 사역자 또한 '어차피 새로운 사람이 교회에 안 오는

데 기존 성도들이라도 잘 붙잡고 있어야지' 하며 내부적 관리로 이어지며 악순환을 촉진하게 된다.

이를 막기 위해 전도 친화적 교회를 만들어야 한다. 전도 친화적 교회를 만들기 위해서는 목회자의 역할과 성도들의 역할이 있는데, 두 가지를 살펴보자.

전도 친화적 교회 만들기: 목회자의 역할

건강한 교회가 되기 위해서는 끊임없이 새로운 영혼들을 초대해야 한다. 그리고 전도 친화적 교회가 되기 위해서는 우선 목회자의 역할을 알아야 한다.

먼저, 목회자는 초점을 교회 밖으로 돌려 사역을 계획하고 진행해야 한다. "우리 교회는 새로운 사람에게 친화적인 교회인가?" 하고 스스로에게 물어야 한다. 예를 들어, 교회에 처음 온 사람이 주차를 어디에 어떻게 해야 하는지, 자녀들을 잠시 맡길 수 있는지, 그렇다면 어디로 가야 하는지, 자녀들을 맡기면 안전한지, 예배당은 어디이고, 화장실은 어디로 가야 하는지 등이 명확하게 표시되어 있는지 확인해 봐야 한다.

기존 성도들은 교회를 수시로 왔다 갔다 하고 몇 년째 다니고 있기 때문에 예배당이 어디인지 알고 주차하는 데 도움이 필요하지 않다. 하지만 방문자를 위해 (특히 방문자가 교회에 처음 온 사람이라면) 공간에 대한 표시를 하고 안내하는 것은 교회의 초점을 밖으로 돌릴 수 있는 가장 간단하며 실질적인 방법이다.

우리가 섬기는 교회를 방문해 본 적이 없는 사람을 섭외해서 공간을 찾는 게 헷갈리거나 불편한 사항에 관한 피드백을 받아 보라. 그러고 나서 안내 표지판을 세워 모든 것을 뚜렷하게 표시하는 것이 도움이 될 것이다.

다시 한 번 말하지만, 기존 성도들의 입장에서는 안내 표지판을 보완하는 데 재정을 투자하는 것이 불필요하다고 느껴질 수 있다. 하지만 이 생각은 안쪽으로 굽은 시선이다. 새신자의 관점에서 교회 공간을 재해석해 보자. 혹시라도 안내 표지판을 세우기 어려운 곳에서 예배를 드린다면, 헷갈리는 길목마다 봉사자가 배치되어 있어 친절하게 안내하는 것도 좋은 방법이다.

전도 친화적 교회를 만들기 위한 목회자의 또 하나의

역할은 사용하는 언어를 바꾸는 것이다. 예배를 드릴 때 비신자가 이해하기 어려운 말들로 진행되진 않는지 돌아보는 것이다. 이 중 목회자에게 가장 어려운 부분은 바로 설교일 것이다.

설교자에게 있어 두 명의 대상자는 늘 존재한다. 첫째는 기존 성도이고, 둘째는 비신자다. 기존 성도들의 필요를 채우고자 하는 설교를 할 때 설교자가 선택하는 단어와 비신자도 이해할 수 있는 설교를 할 때 설교자가 선택하는 단어는 굉장히 다를 것이다. 그리고 많은 사역자들이 오랫동안 기존 성도에게 맞춰진 설교를 해 왔기에 이 변화를 자신에게서 일으키는 데 어려움을 느낄 수 있다.

하지만 깊이 있는 설교가 꼭 이해하기 어려운 설교라는 편견은 버려야 한다. 오히려 실력 있는 커뮤니케이터에게는 어려운 개념도 이해하기 쉽게 전달하는 능력이 있다. 알베르트 아인슈타인(Albert Einstein)은 "쉽게 설명할 수 없으면 완전히 이해하지 못한 것이다"라고 말했다. 쉬운 전달력은 오히려 실력을 말한다.

릭 워렌 목사 또한 어려울 수 있는 성경을 쉽게 풀이

하는 데 유명한 설교자다. 한국에서 온 방문자들이 다른 설교자들의 영어 설교는 잘 안 들리는데 릭 워렌 목사의 설교는 귀에 쏙쏙 들어온다는 말을 할 정도다. 그가 설교할 때 사용하는 단어들은 초등학생을 대상으로 맞춰져 있기 때문이다.

목회자는 자신의 최근 설교를 돌아보면서, 혹시 그리스도인만 이해하는 단어들을 사용하고 있지는 않은지 돌아보아야 한다. 전도 친화적 교회를 만들기 위해서 설교자는 이 부분을 끊임없이 고민하고 연습하고 실행하며 변화해야 한다. 설교가 바뀔 때 교회는 비로소 전도 친화적 교회가 될 수 있다.

전도 친화적 교회 만들기: 성도들의 참여

전도는 교회의 사명이기도 하며 건강한 성장을 이루기 위한 필수 조건이다. 교역자도 알고 성도들도 잘 알고 있는데, 왜 그렇게 전도는 힘든 것일까?

전도를 어려워하는 큰 이유 중 하나는 '내가 복음을

설명해 누군가를 설득해야 한다'는 두려움이 있기 때문이다. 서구 문화의 영향으로 개인주의가 심해지는 사회에서 나의 신념을 다른 이에게 강요하는 것은 비매너라고 생각하는 현시대 성도들은 전도를 더욱 어려워한다.

이는 한국뿐만이 아니라 미국도 마찬가지다. 그래서 새들백교회는 전도를 '초대'의 측면으로 가르친다. 전도는 여러 측면을 가지고 있다. 물론 복음을 전해 구원에 이르게 하는 통로의 측면도 있지만, 초대의 의미를 설명하며 모든 교인이 초대할 수 있는 문화를 만들고 있다. 초대라는 단어를 사용한 후부터 새들백교회 성도들이 조금씩 믿지 않는 가족, 친구, 동료들과 지인들을 교회에 초대하는 모습을 보게 되었다.

초대할 이유를 주자

교회 공간이 잘 표시되고, 설교자의 언어가 바뀌며, 전도의 의미를 새롭게 가르친다고 해서 전도의 끈이 저절로 팽팽해지는 것은 아니다. 전도의 끈이 느슨해지지 않기 위해 교회는 끊임없이 전도에 대해 언급하며 성도들이 쉽게 초대할 수 있는 이유를 제공해야 한다.

새들백교회는 주일 예배뿐 아니라 예배 후에 있는 '경험'(Experience)들을 통해 새신자들이 교회를 방문할 이유들을 제공한다. 여기서 '경험'은 무엇을 말하는 것일까? 이벤트(Event)라 생각해도 좋고, 프로그램(Program)이라 여겨도 좋다. 예배 후 성도들과 초대된 방문자들이 자연스럽게 어울려 관계를 형성할 수 있는 모든 것을 가리켜 우리는 '경험'이라 표현하고 있다.

예를 들어, 성탄절에 영화 "겨울 왕국"의 엘사와 안나 캐릭터를 초대해 아이들이 사진을 찍도록 하는 '경험', 겨울에 내리지 않는 눈을 인공적으로라도 뿌려 성탄절 분위기를 느끼게 하는 '경험', 추수감사주일에는 성도들이 자신이 좋아하는 음식을 직접 가져와 나눠 먹게 하는 포틀럭(Potluck) '경험', 부활절에는 교회 전체를 보물섬으로 만들어 아이들이 지도를 보고 보물을 찾게 하는 '경험' 등이 있다. 이러한 '경험'들은 기존 성도들도 물론 참여할 수 있지만 성도들이 친구, 가족, 직장 동료와 지인들을 초대할 수 있는 이유를 제공한다.

"우리 교회에 한 번 와 봐. 이번에 어버이날을 맞아 교회에서 전문 사진사가 가족사진을 찍어 준대."

"우리 교회에 한 번 와 봐. 주일에 남자아이들을 위해 스파이더맨 캐릭터가 온대."

"우리 교회에 한 번 와 봐. 예배 끝나면 유명한 햄버거 트럭이 온대."

"우리 교회에 한 번 와 봐. 이번에 ○○○ 경험(이벤트)이 있대."

경험과 이벤트는 교회의 목적이 아닌데 이런 것으로 사람들을 끄는 게 못마땅하게 느껴질 수도 있다. 예배가 뜨겁고 말씀에 깊이가 있는 교회를 추구할수록 이러한 이벤트는 얕고 비본질적으로 여겨질 수도 있다.

나도 처음에는 그렇게 생각했다. 인턴 때 '경험'을 세팅하다가도 "이럴 시간과 돈이 있으면 제자 양육을 더 해야 하는 것 아닌가? 선교를 더 해야 하는 것 아닌가? 교육부에 더 투자하는 게 낫지 않을까?" 등 혼잣말을 하곤 했다. 새들백 교직원들에게는 비밀이지만 지금도 종종 그런 생각을 한다.

하지만 조금씩 마음이 움직이기 시작했다. 이러한 경

험과 이벤트를 교회가 제공할 때 성도들이 정말로 지인들을 자연스럽게 교회로 초대하는 모습을 보기 시작한 후부터였다.

비신자에게 "우리 교회는 제자반을 잘하니까 한 번 와 봐"라고 하는 것은 너무 비현실적인 초대다. "우리 교회 찬양팀이 정말 잘하니까 한 번 와 봐"라고 하는 것도 큰 공감을 얻기 어렵다. 하지만 방문자가 쉽게 설득될 수 있는 '경험'들이 제공될 때에는 초대하는 사람도, 초대된 사람도 부담 없이, 쉽게 참여할 수 있다.

교회가 이러한 '경험'들을 끊임없이 제공하면 성도들이 차츰 용기를 내어 지인들을 교회에 초대하기 시작할 것이다. 그리고 다시 교회는 전도 친화적 교회로 체질이 바뀌어 갈 것이다. 이것이 새들백교회가 지난 45년 동안 전도의 끈을 느슨히 두지 않아 꾸준히 성장한 비결 중 하나다. 온라인 사역팀 목사로 지난 6년을 섬긴 후 다음 사역을 고민하다가 새로운 캠퍼스의 부목사로 옮기게 된 이유 중 하나가 바로 이 비결을 배우기 위해서였다.

지금 한국 교회와 한인 이민 교회 사역자들을 만나 새들백교회에서 어떤 사역을 하느냐는 질문을 받으면 어떻게 대답해야 할지 고민이 된다. 교회에서 내 직함은 'Experience Pastor'이다. 말 그대로 '경험 목사'다. 한국 교회에는 없는 직함이라고 생각된다. 미국에서도 생소하다.

새들백교회에서는 방문자와 기존 성도들이 교회를 '오고, 간다'는 말보다 교회를 '경험한다'고 표현하고 있다. 누군가가 새들백교회가 있는 지역으로 이사 와서 교회를 찾다가 홈페이지 혹은 SNS로 우리 교회를 찾아보는 순간부터 그들의 '경험'이 시작된다고 생각한다.

방문자가 차를 타고 와서 주차하는 것부터, 교회를 경험하는 일에 있어서 중요한 부분이라 생각한다. 차에서 내려 안내 표지판을 보고 혹은 봉사자의 안내를 통해 한눈에 예배당이 어딘지, 아이들이 모이는 곳이 어디인지를 알 수 있게 하는 것도 경험 목사의 책임이다. 여름에는 아이스커피를, 겨울에는 따뜻한 커피를 내어 주는 것도, 방문자가 교회에 처음 왔다는 것을 알고 반갑게 인사하는 것도 경험 목사의 책임이다. 이렇게 새신자와의 접점을 미리 생각하고 환경을 조성하는 것이 새들백교회 경험 목사의 역할이다.

물론 그 안을 파헤쳐 보면 모두가 익숙한 사역들이다. 경험 목사가 맡은 부서는 주차팀, 환영팀, 새신자반, 보안팀, 경비(안전)팀, 의료팀 등이 있다. 즉 이렇게 풀어 보면, 이미 교회에 존재하는 사역들을 전도와 '경험'적 측면에서 재정의하고 교인과 방문자들이 '경험'하는 교회가 긍정적이 되도록 돕는 것이 경험 목사에게 맡겨진 책임이다.

새들백교회는 꾸준히 노력할 뿐이다

새들백교회의 잘 알려진 것 중에 하나는 '목적이 이끄는 교회' 철학이다. 《목적이 이끄는 삶》이 쓰이기 전 《목적이 이끄는 교회》(디모데, 2008)가 출간되었는데, 새들백교회의 목회 철학을 설명한 책이다.

'목적이 이끄는 교회' 철학은 교회에 주어진 다섯 가지 목적(예배, 친교, 양육, 섬김, 전도/선교)에 이끌려 사역이 진행되는 것이 건강한 교회의 모습이라 제시한다. 이 목회 철학은 미국의 많은 교회들의 기반이 되었고 새들백교회 또한 여전히 놓치지 않으려 노력하는 방향이다.

새들백교회가 이 목적대로 이끌려 가고 있는지를 돌아보기 위해 사용하는 설문조사와 건강지표가 있는데, 그 결과를 보면 새들백 교인들 역시 다섯 가지 목적 중 '전도'에 가장 약하다는 것을 확인할 수 있다. 새들백교회만 그런가 했는데, 미국의 거의 모든 교회가 전도에 약하다는 바나 리서치 그룹의 조사 결과가 있다. 2024년 미국 교회 사역자들을 대상으로 진행된 설문조사에서 "우리 교회는 효과적으로 전도를 하고 있다"는 설문에 오직 1퍼센트만 "그렇다"고 답했다.[3]

미국 교회 중 1퍼센트만 "우리 교회는 효과적으로 전도를 하고 있다"고 대답한 것에 대해 어떻게 생각하는가? 이대로 가면 교회의 미래는 밝지 않다. 따라서 우리 모두 노력해야 한다. 이 사회의 분위기가 전도가 점점 어렵도록 조성되는 것은 한국 교회만의 문제가 아닌 세계 모든 교회가 느끼는 바일 테고, 그렇다면 우리 모두가 몸부림쳐서 바꿔야 한다.

교회를 전도 친화적 교회로 단번에 바꾸는 것은 어렵다. 그런 이유로 여기서 새들백교회가 매주를 바라보는 관점을 공유하기 원한다.

부활절과 성탄절은 교회에 한 번도 와 보지 않은 사람들이 교회를 방문하기에 가장 좋은 절기다. 이때 기존 성도들만을 생각하는 것이 아니라 새롭게 우리 교회를 방문할 사람들을 고려하고, 그들이 참석할 수 있는 이유를 만들어 주는 것이 좋다.

예를 들어, 한국의 어버이주일(미국의 어머니의날 [Mother's Day])은 성인 자녀들이 부모의 부탁을 들어 드리기 위해서라도 교회에 오는 주일로 잘 알려져 있다. 아무리 평소 캐주얼한 복장을 하고 예배드리러 오는 새들백교회 성도들이라 할지라도 이날만큼은 좀 더 멋지고 예쁜 옷을 입고 오니 교회에서는 가족이 다 함께 사진을 찍을 수 있는 자리를 마련한다. 부모가 자녀를 초대할 이유를 주기 위해서다. 이외에도 절기를 많이 활용한다.

학기가 시작되기 2주 전은 지역 사회 교사들을 초대하는 주일이다. 성도들에게 지인들 중 교사나 학교에서 근무하는 사람이 있으면 초대하라고 안내하고, 교회에서는 초대받아 교회에 온 교육자들에게 줄 선물을 준비한다. 또한 흥미롭게도, 한국의 현충일(미국의 전몰장병추모일 [Memorial Day]과 참전용사들의날[Veteran's Day])에는 국가를 섬기는 군인들을 기념하고 축복하는 주간을 갖는다. 그들에게 감사를 표하고 성도들이 손수 편지를 써서 전달하기도 한다.

국가를 섬기는 군인 혹은 지역 사회를 섬기는 이들을 기념하고 축복하는 교회 이벤트를 기획해 본 적이 있는가? 새들백교회에서는 이러한 주일이 그들로 하여금 교회를 처음으로 방문하고 계속해서 참여하게 하는 최고의 발판이 되고 있다.

전도 친화적 교회가 되기 위해 설교자는 언어를 바꾸고, 교인들에게 초대할 이유를 주어야 한다. 이처럼 전도의 끈을 팽팽하게 유지하는 것이 교회의 생명 줄이 될 것이다.

달력을 보고 절기마다 우리 교회 성도들이 주위 사람들을 조금 더 쉽게 교회로 초대할 수 있는 이유를 제공하는 교회가 되기를 소망한다. 전도는 특별 집회 때에만 특별 강사를 섭외해서 하는 이벤트가 아니다. 교인들이 늘 마음에 전도를 담고 살아가는 소명의 교회가 되기 위해 함께 노력하기를 바란다.

나눔을 위한 질문

1 우리 교회는 방문자에게 친화적인 교회인가?

   ....

   ....

2 우리 교회는 성도들이 지인들을 편안하게 초대할 수 있는 교회인가?

   ....

   ....

   ....

3 당신의 설교는 교회를 한 번도 와 보지 않은 사람도 쉽게 이해할 수 있는가?

   ....

   ....

   ....

4 우리 교회의 주일 예배와 환경은 기존 성도들에게 맞춰져 있는가, 방문자에게 맞춰져 있는가? 기존 성도들에게 맞춰져 있다면, 방문자에게 맞춰져야 한다는 말에 동의하는가?

----

5 우리 교회 1년 행사는 초점이 기존 성도들에게 맞춰져 있는가, 방문자에게 맞춰져 있는가?

----

6 교회 행사가 기존 성도들에게만 맞춰져 있다면 분기마다 방문자를 교회에 초대하는 '경험'을 준비할 수 있을까? 어떤 '경험'이 좋을까?

교회 곳곳에는 소그룹에 얼마나 진심인지를 알 수 있는 표지판과 공간들이 자주 눈에 띈다. 소그룹을 도모하는 "WE ARE BETTER TOGETHER"(우리는 함께 할 때 더욱 좋습니다)"라는 캠페인 안내판이다.

3

소그룹은
선택이 아닌 필수다

새들백교회가 45년이라는 짧은 시간에 폭발적인 성장을 하고 세계적으로 영향력 있는 교회가 된 비결을 단 하나만 꼽으라면 '소그룹'이라고 자신 있게 말할 수 있다.

물론《목적이 이끄는 삶》으로 교회가 주목을 받은 것은 사실이다. 하지만 그 큰 관심과 몰려드는 성도들을 담아낼 수 있었던 것은 감격 넘치는 뜨거운 예배도, 활발한 봉사 활동도 아니었다. 바로 교회를 방문하는 성도들이 서로에게 연결될 수 있도록 도운 소그룹 시스템이 새들백교회의 건강한 성장 비결인 것이다.

릭 워렌 목사는 이렇게 말했다. "사람들은 말씀을 들

으러 교회를 찾지만 그 후 맺어진 성도들과의 관계 때문에 교회에 남게 된다." 그리고 교회는 남은 성도들로 성장하게 된다. 전도가 아무리 활발히 이루어져도, 설교 말씀이 아무리 좋아 많은 사람들을 끌어오더라도 성도들을 연결해 주는 소그룹 시스템이 없다면 기존 성도들은 더욱 좋은 말씀을 찾아 다른 교회로 갈 것이다.

소그룹의 중요성에 대해서는 사역자들이 모두 알고 있겠지만, 새들백교회에서 배운 조금 다른 모델의 소그룹 모습을 이 장에서 제시해 보겠다.

새들백만의 소그룹 구조

첫 번째 책 《온라인 사역을 부탁해》(두란노, 2021)에서도 새들백교회 소그룹이 사용하는 '퍼실리테이터'(Facilitator) 모델을 소개했다. 여기서도 퍼실리테이터 모델을 다시 한 번 소개하고 싶다. 다음 그림 자료들이 이 모델을 이해하는 데 도움이 될 것 같다. 하지만 그전에 새들백교회 소그룹 사역의 목적을 소개하겠다.

> **새들백교회 소그룹 사역의 목적**
>
> 우리 교회의 핵심에서부터 꾸준히 성장하는 공동체에 이르기까지 모든 사람을 건강한 소그룹에 연결하기
>
> To help our church from the core of our church to the ever-growing community to connect to a healthy small group.

이 목적의 한 단어 한 단어가 중요한 가치를 표현하고 있지만 그중에서도 소그룹의 대상과 결과에 집중하고 싶다. 새들백교회는 교회의 핵심 구성원부터 일 년에 한두 번 교회를 방문하는 모든 사람까지 건강한 소그룹에 연결되기를 바라고 있다. 그리고 퍼실리테이터 모델이 이 목적을 이루는 데 가장 효과적이라 생각한다.

'마스터 티처'(Master Teacher) 모델은 한국 교회에 가장 친근한 소그룹 구조일 것이다. 한 명의 리더가 높은 양질의 훈련을 거쳐 소그룹 리더가 되어 소그룹 구성원들을 가르치고 양육해 가는 모델이다.

마스터 티처 모델과 퍼실리테이터 모델 모두 장단점이 있다. 먼저, 마스터 티처 모델의 장점은 한 리더가 양

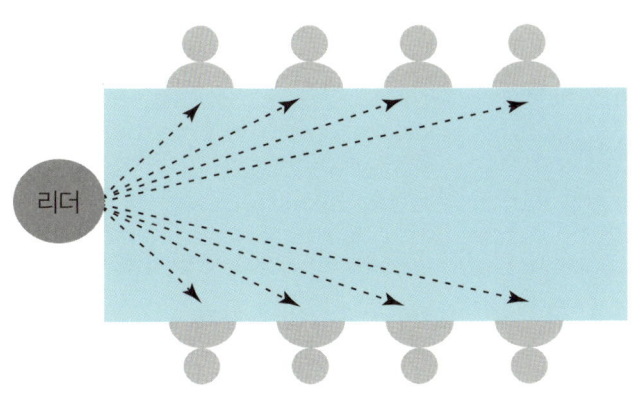

마스터 티처 모델

질의 훈련을 받았기 때문에 수준 높은 평신도 리더를 발굴할 수 있다는 것이다. 하지만 마스터 티처 모델의 단점도 있다. 바로 확장성이 제한적이라는 것이다. 소그룹 리더를 발굴하는 훈련 과정이 보통 길고 그 수준이 높다. 그렇기 때문에 모든 성도가 연결될 수 있는 많은 수의 리더가 배출되기 어렵다.

새들백교회 소그룹에 대한 질문을 받다 보면 새들백교회와 같이 모든 성도가 소그룹에 참여할 수 있는 시스템을 만들고 싶다는 이야기를 많이 듣게 된다. 하지만 그들에게 주일 예배에 출석하는 인원과 현재 소그룹 리더들의 숫자를 물어보면 비율이 맞지 않는 경우가 대부분이다.

모든 성도가 소그룹에 참여하겠다 해도 담아낼 수 있는 리더가 턱없이 부족한 것이 마스터 티처 모델의 한계 같다. 물론 이 단점이 허용되는 교회가 있을 수 있다. 하지만 꾸준하게 성장하는 교회에는 적합한 모델이 될 수 없다고 느낀 새들백교회는 퍼실리테이터 모델을 소그룹 구조로 선택했다.

여기서 다시 한 번 생각해 봐야 하는 것은 우리 교회 소그룹 사역의 목적이다. 소그룹의 목적이 '리더를 발굴하는 제자훈련의 통로'라면 마스터 티처 모델이 효과적이다. 하지만 리더 발굴이 아닌 '성도와 성도의 연결'을 목적으로 삼고 있다면 퍼실리테이터 모델이 더욱 효과적일 것이다.

퍼실리테이터 모델은 그림 자료에서 보는 것과 같이 리더가 존재하지만 역할이 다르다. 퍼실리테이터 모델은 소그룹 구성원들에게 가르침을 주기보다 대화를 도모하는 것에 강조점을 둔다. 이 모델의 가장 큰 장점은

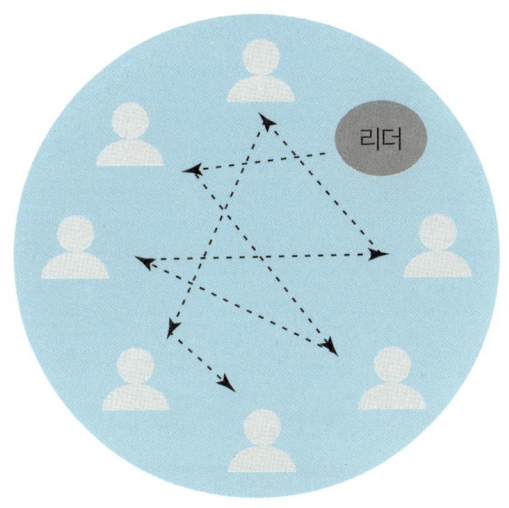

퍼실리테이터 모델

리더의 문턱을 조금 낮춰 많은 소그룹을 만들 수 있다는 점이다. 새들백교회에서는 섬기고자 하는 마음이 있고 장소를 제공할 수 있다면 소그룹을 열 수 있도록 허락하고 있다.

물론 훈련이 없는 것은 아니다. 순서를 바꾼 것뿐이다. 훈련을 마치고 리더가 되는 것이 아니라, 리더가 된 후에 훈련에 참여한다. 그 이유는 다시 말하지만, 소그룹의 목적을 제자훈련이 아니라 성도들을 연결하는 것으로 삼았기 때문이다. 소그룹을 열겠다고 자원하면 그 후에 훈련을 제공하고 목자를 배정해 소그룹을 진행할 수 있게 도와준다. 이렇게 하면 소그룹 리더가 많아지기에 모든 성도를 담아낼 수 있는 환경이 충분히 확보된다.

새들백교회 소그룹 사역의 특별한 점은 그 구조뿐만이 아니다. 한 가지가 더 있다. 교회의 소그룹 수가 한때 8천 개까지 되고 LA에서부터 샌디에이고까지 모든 도시에 새들백교회 소그룹이 열릴 수 있었던 방법이다. 그것은 바로 담임 목사와 모든 교직원이 소그룹에 소속되는 것이다.

새들백 교직원은 모두 소그룹에 참여한다

마스터 티처 모델이든 퍼실리테이터 모델이든 교회가 선택하는 소그룹 모델보다 더 중요한 것은 사역자가 소그룹에 속해 있는 것이다.

새들백교회에 와서 가장 놀란 것 중 하나는 모든 교직

원이 소그룹에 속해 있다는 것이었다! 수많은 교회와 소그룹의 중요성에 대해 이야기를 나누고 듣고 배웠지만 교회의 모든 교직원이 소그룹에 속해 있는 경우는 처음 보았고, 지금도 찾기 힘들다. 그렇기에 나는 깜짝 놀랐고, 그렇기 때문에 이것이 새들백교회의 성장 비결이라 생각한다. 릭 워렌 목사의 말을 들어 보면 소그룹에 대한 이야기가 굉장히 많다.

릭 워렌 목사도 소그룹에 참여하고 있다. 그 소그룹에는 도대체 누가 함께 참여하고 있을까? 그 소그룹에는 네 커플이 있다. 총 8명이 지금까지 약 20년째 만나고 있다.[4] 릭 워렌 목사는 본인이 속한 소그룹에 대해 자주 언급한다. 그가 삶에 있어서 가장 어려운 시기(막내아들을 잃은 일부터 아내가 유방암 판정을 받았던 일)마다 소그룹을 빠뜨리지 않았던 점은 교인들의 마음에 소그룹이 얼마나 중요한지를 각인시킨다.

릭 워렌 목사는 공식적으로 안식월이나 안식년을 가진 적이 없는데 막내아들을 잃었을 때 3개월 동안 공사역을 하지 않았다. 충분히 이해되는 부분이다. 하지만 사역을 공식적으로 쉰 그때에도 소그룹 구성원들과는 지속해서 만났다. 이 부분이 바로 새들백교회가 바라보는 소그룹의 개념을 가장 명확하게 보여 준다. 소그룹은 사역을 뛰어넘어 성도들과의 관계이고 신앙인의 삶(라이프스타일)이다.

릭 워렌 목사가 소그룹을 얼마나 필수적으로 생각하는지는 교직원 회의에서도 자주 느낄 수 있다. 2022년 6월 2일, 새들백교회는 릭 워렌을 이을 2대 담임 목사를 발표했다. 이전까지 누가 2대 담임 목사가 될지에 대해 교직원들도 몰랐다. 오직 릭 워렌 목사, 당회와 당사자만 알고 있었다. 이 사실을 비밀로 했어야 하는 이유는 '누가 릭 워렌의 뒤를 이을 것인가?'라는 관심 때문이기도 했지만 우선적으로 우리가 모셔 올 2대 담임 목사가 시무하고 있는 교회를 보호하기 위해서였다.

앤디 우드(Andy Wood) 목사는 실리콘 밸리 쪽에 있는 에코 처치(Echo Church)를 개척하고 담임하고 있었는데, 에코 처치 교인들이 그들의 목사에게 직접 소식을 듣게 하고 싶었지, 미디어를 통해 알게 하고 싶지 않았다. 그래서 에코 처치와 새들백교회는 2022년 6월 2일 목요일 오후 2시에 각 교회에 청빙 소식을 전달했다.

릭 워렌 목사는 자신은 원래 비밀을 잘 지키지 못하는 성격이라 말하며 교직원 회의를 시작했다. 그래서 2대 담임 목사가 결정된 후에 그 사실을 비밀로 지키는 것이 너무 어려웠다고 했다. 그리고 결국에는 그날 교직원들에게 발표하기 전에 세 부류의 사람들에게 이 사실을 먼저 알렸다고 고백했다. 첫 번째는 새들백교회의 첫 번째 교인이고 현재도 교회에 참석하는 교회 교인이었다. 두 번째는 새들백교회의 첫 번째 부교역자 스티브 윌리엄스 목사였다. 그리고 마지막 세 번째는… 자신의 소그룹 구성원들이었다.

첫 번째와 두 번째는 상징성에 있어 이해되지만 소그룹 구성원들에게 알렸다는 사실은 릭 워렌 목사가 소그룹을 얼마나 중요하게 여기는지를 말해 준다. 그에게 있어 소그룹은 사역이기보다 신앙의 기둥이고 사역의 원동력이다.

이외에도 릭 워렌 목사는 설교나 회의 시간에 소그룹에 대해 끊임없이 언급한다. 교직원들에게도 강하게 권장한다. "당신은 혼자 감당하기에는 너무나도 큰 사명을 받았습니다. 사역자뿐만 아니라 신앙인은 모두 영적 친구가 필요합니다" 등은 그가 교직원들에게 소그룹을 강조하며 자주 하는 말이다. 릭 워렌 목사가 새들백교회에서 시무하는 42년 동안 소그룹을 강조한 영상을 다음 큐알 코드를 통해 찾아볼 수 있는데 꼭 시청해 보길 바란다.

새들백교회가 8천 개의 소그룹을 이룬 비결
릭 워렌 목사가 설명하는 소그룹의 중요성이 담긴 영상이다.

새들백이 중시하는 소그룹의 세 가지 요소

소그룹을 중시하는 새들백교회는 소그룹에서도 무엇을 가장 중요하게 여길까? 성경적 소그룹의 필수적 요소는 무엇일까? 건강한 소그룹에 연결되어 성도가 더불어 사는 것을 목적으로 하는 새들백교회는 다음 세 가지를 가장 중시한다.

죄 고백(Confession)

깊은 소그룹과 얕은 소그룹의 차이를 한눈에 알아볼 수 있는 방법은 그 모임에 성도 간의 죄 고백이 있는가를 살펴보는 것이다. 물론 첫 모임부터 죄 고백을 강요하지는 않지만 6개월에서 1년 동안 꾸준히 만났음에도 불구하고 서로의 약함에 대해 나누지 않고 '적절한 죄 고백'[5]이 없다면 교제가 얕다고 판단한다.

나는 어려서부터 교회에 다녔지만 죄 고백은 하나님께만 하는 것이지, 성도들이 서로에게 하는 것이라고는 생각하지 못했다. 하지만 야고보서 5장 16절을 보면 "그러므로 너희 죄를 서로 고백하며 병이 낫기를 위하여 서로 기도하라 의인의 간구는 역사하는 힘이 큼이니라"고 말하듯, 죄 고백은 성도 간에 서로 해야 하는 것이다.

새들백교회는 이를 다음과 같이 정리한다. "죄 사함을 위해서는 하나님께 고백하고, 병 낫기를 위해서는 서로에게 고백하라."

체면 문화가 강한 한국 교회에서 자란 나는 이 말씀에 순종하고 싶어도 그렇게 하지 못했다. 그러던 중 신학교에서 만난 친구들과 함께 소그룹을 만들어 '죄 고백'을 하나의 가치로 삼고 매주 만나기 시작했다. 이내 함께 모인 친구들이 자신의 죄를 솔직하게 고백하는 것을 목격하게 되었다. 이제 내가 나눌 차례가 되었는데, '이 자리에서도 나의 죄를 고백하지 않는다면 나는 평생 죄의 올무에 매여 살겠구나'라는 생각이 들어 용기를 내어 고백했다.

'친구들이 나를 어떻게 볼까? 나는 이제 사역자로서 자격을 잃게 되는 것이 아닌가?'라는 생각은 우려였다. 막상 고백을 하고 나니 내 마음에 찬란한 빛이 경험되었고 돌아가는 발걸음은 하늘을 날 것만 같았다. 야고보서

5장 16절에서 말하는, 병이 낫는 듯한 경험을 하게 되었다. 말씀에 순종할 때 일어나는 하나님의 역사를 실제로 체험한 것이다.

하지만 한 번 죄를 고백했다 해서 그다음이 쉬워지는 것은 아니라는 사실도 알게 되었다. 죄를 고백한 후에도 동일한 올무에 걸리기도 하고 새로운 죄에 넘어지기도 했다. 그리고 그 일을 또 친구들 앞에서 고백하는 것은 처음만큼이나 어려웠다. 하지만 신학교를 다니는 동안 친구들과 매주 만나며 죄를 고백하면서 성경에서 말하는 더불어 사는 삶을 누릴 수 있었다.

사역자 혹은 신앙생활을 오래 한 사람일수록 서로에게 죄를 고백하는 것은 더욱 어렵다. 죄를 고백할 대상과 환경이 점점 줄어들기 때문이다. 교회에서의 직책이 높아질수록 야고보서 5장 16절 말씀에 순종할 수 있는 '서로'와 '장소'가 줄어든다. 그러다 보면 교회에는 죄 고백에 대한 설교가 점점 줄어들 것이고, 성도들은 죄 고백으로 인해 병이 낫는 경험이 줄어들게 된다.

그래서 새들백교회는 사역자들이 소그룹을 형성해서 서로 자신의 죄와 유혹을 고백할 수 있도록 한다. 한국 문화의 특성상 성도들과 목회자가 소그룹을 함께하는 것이 어렵고, 그 안에서 죄를 고백하는 것은 더욱 어렵다는 것을 알기 때문에 다른 사역자들과 함께하기를 추천하지만, 새들백교회에서는 목회자가 성도들과 소그룹을 맺는 경우도 많다. 직책을 내려놓고, 그리스도 안에서 참된 형제자매로서의 모임이기에 그곳에 은혜가 더욱더 많다.

죄 고백을 꾸준히 실천하면 교회 직책에 무관하게 하나님 앞에 모두 죄인임을 깨달아 서로의 영혼을 돌보고 섬기는 건강한 공동체가 생겨난다. 건강한 소그룹의 첫 번째 요소인 '죄 고백'이 있으면 반드시 뒤따라야 하는 것은 '어카운터빌리티'(Accountability, 책임)다.

어카운터빌리티(Accountability)

새들백교회의 소그룹이 중시하는 두 번째 요소는 '어카운터빌리티'다. 영한 사전은 이 단어를 '책임'이라고 정의하고 있지만 기독교적 의미는 더욱 깊다. 요한삼서 1장 2절에 나오는 "사랑하는 자여 네 영혼이 잘됨같이 네가 범사에 잘되고 강건하기를 내가 간구하노라"라는 말씀을 기준으로, 서로의 영혼이 잘될 수 있도록 서로가 책임을 지는 것을 성경적 '어카운터빌리티'라고 할 수 있다.

이러한 성경적 의미를 알고 다시 이 영어 단어를 보면 'accountability'는 'account'(계좌)와 'ability'(능력)가 합쳐진 단어라는 것을 알 수 있다. 서로의 계좌를 보여 주고 나눌 수 있는 정도의 친밀함과 책임을 말하는 것이다. 그렇다면 다음과 같은 질문을 해 보면 좋겠다. "내 주위에는 내 영혼이 잘될 수 있도록 책임져 주는 사람이 있는가? 그리고 나에게는 누군가의 영혼이 잘될 수 있도록 책임을 갖고 살아갈 대상이 있는가?"

성도들은 그리스도의 피로 연결되어 있기에 서로의 영혼을 돌봐야 하는 책임을 나누고 있다. 그저 사회에서 잘되기를 원하는 바람, 자녀들이 좋은 대학에 들어가기를 원하는 바람, 청년들이 좋은 직장에 취직하기를 원하는 바람을 넘어 속을 들여다봐 줄 수 있는 책임을 말한다. 겉으로는 모든 것이 잘되고 있더라도 그의 영혼이 썩어 가고 있진 않은지, 영혼을 속이면서까지 성공을 따라가고 있진 않은지를 확인해 주며 브레이크를 걸어 주는 책임 말이다.

소그룹 구성원들 사이에 참된 어카운터빌리티가 가능하기 위해서는, 첫째로 서로의 영혼이 잘되기를 원하는 바람[6]과 둘째로 그 영혼을 그리스도의 사랑으로 사랑하는 마음이 있어야 한다.

신학교를 졸업하고 나의 첫 번째 소그룹 구성원들이 각자 사역지를 찾아 떠나 멀어지면서 나는 두 번째 소그룹을 찾게 되었다.

2017년부터 매주 수요일 오후 6시 30분에 만나던 두 명의 형제들과 소그룹을 이루었다. 미국 문화에서는 나이에 상관없이 친구라고 하기에 친구라고 소개하지만, 사실 둘 중 한 명은 네 살이 많고, 또 한 명은 열 살이 많은 형이자 인생의 선배다. 나의 약점을 너무나도 잘 알고 내 판단력이 흐려질 때 사랑으로 조언해 주는 형제들이다.

이들과의 모임은 늘 죄 고백으로 시작되었다. 한 주간 행동으로나 생각으로 지은 죄들을 고백하며 시작되었다. 그들은 나를 너무나도 잘 알고 있다. 내가 필요 이상으로 일을 하는 이유는 무엇인가로부터 도피하거나 숨고 싶을 때 나타나는 현상이라는 것을 알고는 1년에 할 수 있는 외부 사역을 제한해 주기도 했고, 지금까지 만나고 있는 상담사를 소개해 주기도 했다.

그들 중 한 명은 현재 미국 동부로 이사를 가서 한 달에 한 번 줌(Zoom)을 통해 만나지만 우리가 나누는 대화 내용은 동일하다. 서로의 삶을 나누면서 너무 일과 사역 이야기만 하면 남편으로서는 잘하고 있는지를 물어본다. 아내는 어떻게 지내는지 물어본다. 그리고 그 질문에 대해 자신 있게 말하지 못하면 정말 잘 지내고 있는 것인지 물어본다.

한번은 이런 적이 있었다. 이 책 4장에서 설명하겠지만 나는 외부 사역은 한 달에 한 번만 하겠다는 규칙을 만들어 지켜 나가고 있다. 그러던 어느 날 내가 사랑하는 목사님이 나의 사명에 딱 일치하는 사역으로 초대해 주시는 연락을 받았다. 그런데 그 사역은 벌써 다른 사역에 참여하기로 약속한 달에 진행되는 것이었다. 나는 너무 하고 싶은 나머지 약속했던 규칙을 어기고 사역에 임하겠다고 대답했다.

그런데 전화를 끊은 후 속에서 창자가 꼬이는 듯한 고통이 느껴졌다. 나는 이것이 바로 내 영혼을 속이려 할 때 나타나는 고통이라고 생각되어 바로 소그룹 형제들에게 전화를 했다. 두 사람은 나를 정죄하지 않고 몇 가지 질문을 해 주었다. "네가 정말 이 사역을 하고 싶구나. 정말 하고 싶으면 해도 돼. 이 규칙은 너를 돕기 위해 존재하지, 네가 이 규칙을 위해 존재하는 것은 아니니까. 하지만 네가 그 초대에 승낙하고서도 마음이 불편했다면 이유가 있을 것 같은데 그 이유가 무엇인지 나눠 줄래?" 이런 식으로 내 마음의 불편함이 무엇인지를 물어봐 주었다.

나는 그들과의 전화 통화를 끊은 후에 사역에 초대해 주신 목사님께 다시 연락을 드렸다. 내가 내 영혼과 정신 건강을 위해 정해 놓은 규칙에 대해 설명하고, 소그룹 형제들과 나눈 내용을 말씀드리며 참석 여부를 번복했다.

이 과정은 모두 30분 이내에 이루어졌는데 솔직히 나 자신이 너무 부끄럽고 화가 났다. 부끄러웠던 이유는 내 약점을 고백해야 해서였고, 화가 난 이유는 나이가 서른이 넘어서도 내가 내 스케줄을 마음대로 정하지 못한다고 느꼈기 때문이다. 하지만 시간이 지나 돌아보니, 나의 건강을 위해 정해 놓은 규칙에 내가 굴복하는 것은 오히려 지혜롭고 성숙한 모습이라 생각된다.

영혼이 연결되어 경험하는 어카운터빌리티는 처음에는 억압같이 느껴질 수 있다. 하지만 나중에는 오히려 오랫동안 건강하게 뛰어놀 수 있게 하는 자유로움이다. 내가 들어야 할 말을, 힘들어도 나에게 해 주는 영혼의 동반자가 당신에게는 있는가?

즐거움(Fun)

소그룹은 즐거워야 한다. 순수한 재미를 말하는 것이기도 하고, 참석했을 때 느껴지는 편안함과 반가움이 될 수도 있다. '즐거움'을 소그룹의 필수 요소로 꼽는 이유는 소그룹에 참석하는 것이 즐겁지 않다면 소그룹이 지속되기가 어렵기 때문이다. 재미는 없고 죄 고백만 있다고 생각해 보라. 나 같아도 참석하고 싶지 않을 것이다.

내가 참여한 소그룹 중 오랫동안 지속된 소그룹을 떠올려 보면 모두 참석하는 것이 즐거웠다. 신기하게도, 죄를 고백하러 가는 길이기 때문에 발걸음이 무거우면서도, 그곳에서 있을 변화와 형제들의 위로와 은혜로 덮어 줌이 항상 기대가 되었다. 소그룹 구성원들과 모이면 농담을 주고받고 공통 관심사에 대해 이야기를 나누는 시간이 진심으로 즐거웠다.

그래서 건강한 소그룹에서는 긴장감과 즐거움이 팽팽하게 느껴진다. 가고 싶지 않으면서도 가면 좋을 것이라는 확신이 있고, 가고 싶지만 가면 웃고 즐기고만 돌아오는 것이 아닌 죄 고백을 하게 될 것이라는 긴장감이 건강한 균형을 이룬다.

특히 소그룹이 처음 형성될 때는 즐거움에 시간을 많이 쏟는다. 사람은 재미와 즐거움을 통해 친해지고 신뢰를 쌓기 때문이다. 이를 위해 소그룹 사역팀은 즐거움을 나눌 수 있는 아이스브레이킹 질문들, 함께 할 수 있는 게임과 액티비티를 준비하기도 한다.

즐거움에는 여러 요소가 있다. 재밌는 사람이 있어 웃음이 끊이지 않는 경우도 있고, 배움을 통한 즐거움 혹은 경험을 통한 즐거움 등도 있다. 즐거움을 통해 유대감을 형성하기 위해 새들백교회 소그룹이 함께 섬기는 것을 권장하기도 한다. 예를 들어, 새들백교회 수양관 한쪽에 유기농 농장이 있는데 소그룹이 함께 와서 밭일을 할 수 있다. 또 성탄절마다 교회가 속해 있는 도시의 초등학교와 협력해 선물을 모아 전달하는 섬김에 소그룹이 함께 참여할 수 있다.

새들백교회는 소그룹 중심으로 신앙생활을 하도록 권면한다. 선교를 지원하더라도 소그룹이 함께 지원하는 것을 지향하고, 수양회에도 함께 참여하기를 반복해서 권면한다. 이처럼 새들백교회 소그룹에서는 경험을 통해 즐거움을 느끼며 더불어 사는 성경적인 소그룹 모델을 실천할 수 있다.

소그룹에 참여하고 있지 않다면
우리 교회에 다닌다고 말하지 마세요

한번은 이런 적이 있었다고 한다. 새들백교회를 오래 다닌 성도의 이야기다. 그 성도는 교회를 오래 다니면서 섬기기도 했고 헌금 생활도 꾸준히 했다. 교회 규모가 작을 때부터 크게 성장할 때까지 다녔으니 교회에 대한 소속감을 얼마나 많이 느꼈을까.

그러던 그 성도가 교통사고로 병원에 입원하게 되었다. 그 성도는 입원을 한 후에 내심 '내가 교회를 오래 다니기도 했고 헌금 생활도 꾸준히 하고 있으니 릭 워렌 목사가 심방하러 오지 않을까?' 하고 기대했다. 하지만 새들백교회는 병문안 심방은 소그룹 리더가 하도록 훈련하고 권면하고 있기 때문에 릭 워렌 목사가 직접 심방하지 않았다.

그 성도는 퇴원 후 설교를 끝마친 릭 워렌 목사에게 다가가 이렇게 말했다. "릭, 내가 이 교회를 얼마나 오래 다니고 헌금을 얼마나 했는데 병문안 한 번 오지 않았소!"

릭 워렌 목사는 당황할 법도 한데 오히려 차분하게 이렇게 물었다. "성도님, 소그룹에 참여하고 계십니까?" 그러자 그 성도는 당황스러움을 숨기지 못하며 그렇지 않다고 대답했고, 릭 워렌 목사는 "우리 교회에 그렇게 오래 다녔으면서, 제가 소그룹에 대해 얼마나 강조하는데, 왜 소그룹에 참여하고 있지 않나요? 우리 교회는 소그룹 리더들이 모든 심방을 하게 되어 있다는 것을 모르시나요?" 그리고 이렇게 이야기했다고 한다. "소그룹에 참여하고 있지 않다면 새들백교회에 다닌다는 말을 다른 곳에 가서 하지 마세요."

이 정도로 새들백교회는 소그룹이고, 소그룹은 새들백교회다.

나눔을 위한 질문

1 우리 교회 소그룹은 마스터 티처 모델을 따르는가? 퍼실리테이터 모델을 따르는가? 퍼실리테이터 모델에 대해서 처음 들어 보았다면 어떻게 생각하는가?

2 우리 교회 소그룹은 잘 진행되고 있는가? 주일 예배만큼 중요한 사역인가?

3 이 장에 소개한 영상에서 릭 워렌 목사가 소그룹에 대해 강조하는 모습을 보며 어떠한 생각이 드는가? 우리 교회는 소그룹의 중요성을 성도들에게 어떻게 전달할 수 있을까?

---

4 새들백교회의 사례 외에 소그룹에 대한 성공적인 사례를 듣거나 경험했다면 함께 나누어 보자.

---

5 우리 교회에서 앞으로 소그룹 사역이 건강하고 성장하려면 지금 바꿔야 하는 것들은 무엇일까?

정서적으로 건강한 교회를 만들기 위해 교회 곳곳에는 다양한 공간들이 있다. 교인들과 방문자들이 쉬며 관계를 형성할 수 있는 외부 공간과, 예배당에서 나와 기도를 받을 수 있는 기도 공간이다.

4

영적 건강만큼
정신 건강을
돌봐야 한다

처음 출간된 2017년부터 지금까지 많은 사랑을 받고 있으며 미국 교회들에게 큰 도움을 준 책 중《정서적으로 건강한 영성》(두란노, 2015)이 있다. 제목 자체가 흥미롭지만 영문판에 달린 부제목이 더욱 눈길을 끈다. "정서적으로 미숙하면서 영적으로 성숙하다는 것은 모순이다"(It's Impossible to be spiritually mature while remaining emotionally immature). 이 책은 현재까지 100만 부가 넘게 판매되었으며 정신 건강이 영적 생활에 미치는 영향과 그 중요성을 일깨워 주는 시리즈로 자리매김했다.[7]

《정서적으로 건강한 영성》이 베스트셀러가 된 이유

는 수많은 그리스도인이, 그리고 기독교 지도자들이 마음속으로 짐작했지만 감히 연결 지을 수 없던 정신 건강과 영적 성숙을 연결시켰기 때문이다. 영성을 우월하게 여겨 정신 건강을 배제한 교회에 일침을 가한 책이기도 하다.

저자 피터 스카지로(Peter Scazzero)에 의하면, 정서적으로 미성숙하면 영적으로 성숙하기는 불가능하다. 그런데 한국 교회에서 정신 건강은 어떻게 관리해야 하고 성장시켜야 하는지에 대해서는 듣기가 어렵다. 정신건강의학과는 심각한 정신적 문제가 있는 사람들이 가는 병원으로 인식되고 정신 질환은 교회에서 쉬쉬해야 한다는 인식이 있다.

미국에서도 정신 건강에 대한 편견과 오해가 없는 것은 아니다. 하지만 이런 부분에 있어서 교회들이 앞장서고 있고, 새들백교회의 기여는 그중에서도 크게 자리 잡고 있다.

정신 질환은 아픔이지 부정적인 정체성이 아니다

새들백교회 설립자 릭 워렌 목사와 케이 워렌(Kay Warren) 사모에게는 정신 건강과 관련된 큰 아픔이 있다. 바로 그들의 막내아들 매튜 워렌(Matthew Warren)이 오랜 기간 정신 질환을 앓다가 2013년 자신의 목숨을 끊은 가슴 아픈 일이 있었다.

평생 정신 질환으로 힘들어하는 아들을 보며 워렌 부부는 새들백교회 교인들만큼은 정신 질환에 대한 편견과 오해를 갖지 않도록 꾸준히 언급하고 가르쳤다. 전체 교직원 회의에서도 분기마다 정신 건강으로 힘들어하는 성도들과 그 가족들을 목양하는 방법에 대해 훈련하기도 한다.

2018년 기준으로 25퍼센트의 미국 성인들은 적어도 한 가지 이상의 정신 질환(우울증, 조울증 등)을 겪고 있고, 75퍼센트는 가족 구성원이나 가까운 지인 중 정신 질환을 갖고 있는 사람이 있다는 통계가 있다. 즉 정신 질환은 보기 드문 일이 아니라 우리 주위에서 흔히 있는 일, 아니 당신이 겪고 있는 일일 수도 있다. 그렇다면 정신 질환은 몸이 아픈 것처럼 마음이 아픈 것임을 알려 줄 뿐이고 부정적인 정체성이 아니라는 점을 교회에서 교육해야 한다.

릭 워렌 목사는 "당신의 가장 큰 아픔을 통해 가장 큰 사역이 나타날 것이다"라는 말을 종종 한다. 그리고 그 말대로 워렌 부부는 아들을 잃은 큰 아픔을 그들의 가장 큰 사역으로 만들었다. 릭 워렌 목사는 새들백교회 풀타임 교직원들의 건강보험에 상담을 받을 수 있는 혜택을 더하기도 했다. 물론 교회에도 상담 사역이 있지만 교회 밖에 있는 전문 상담사와 연결될 경우 보험을 활용해 재정적 부담을 줄일 수 있게 도운 것이다.

처음에 나는 보험으로 상담을 받을 수 있음에도 받지 않았다. 그때까지만 해도 상담은 무언가 잘못된 사람만 받는 것이고, 나는 문제가 없다고 생각했기 때문이다. (교만도 그만한 교만이 없었다.) 하지만 교회에서 정신 질환이 무엇인지 꾸준히 교육받다 보니 내 마음에도 아픔과 어려움이 있을 수 있겠다고 짐작하게 되었다.

교회의 도움으로 계속해서 내면을 들여다보다 "상담을 받아 볼까?"라는 질문에 "Yes"를 하게 된 적이 있었다. "내가 몸이 아프면 병원에 가서 진료를 받고 치료를 받는 것이 당연한 것처럼, 내 마음이 아프면 병원/상담을 통해 진단을 받고 회복해야 되는 것이 당연하다"는 내용이었다. 그리고 나는 처음으로 상담을 받아 보겠다고 다짐했다.

나는 일 중독과 불안 증상을 보이는 하나님의 자녀다

상담을 받기 시작했을 때 나의 겉 상황은 모든 게 다 좋아 보였다. 한국 교회에서 미국 교회로 사역지를 옮겨 적응하는 데 힘들었지만 이제 분명 자리를 잡은 듯 보였다. 관심 밖이었던 온라인 사역이 코로나19 팬데믹으로 인해 주목받고 있었으며, 사랑하는 한국 교회를 돕기 위해 시작한 유튜브 "미국목사케빈" 채널도 큰 사랑을 받고 있었다. 뿐만 아니라 대학생 때부터 돕던 가족 사업 관련 유튜브 채널도 운영했는데 이 또한 큰 성장을 경험할 때였다.

표면적으로 보면 모든 것이 잘되는 듯했기에 상담을 받을 필요가 없다고 생각했다. 하지만 나를 생각해 주는 소그룹 구성원들의 권유와 교회의 꾸준한 가르침에 상담을 받기 시작했다.

일주일에 한 번, 한 시간씩 약 3개월간 상담을 받았다.[8] 처음에는 큰 도움이 되지 않는다고 생각했다. 시간도, 돈도 아깝다고 생각했다.[9] 하지만 포기하지 않고 꾸준히 상담을 받으며 겉으로는 좋아 보였지만 썩어 가고 있는 나의 내면을 보기 시작했다.

상담사 선생님이 종종 사용하는 상담 기술이 있는데, 그분이 하는 말을 내가 따라 하는 것이었다. 하루는 이렇게 말씀하셨다. "나를 따라 해 보세요. '나는 다섯 개의 풀타임 일을 하고 있다.'"

"나는 다섯 개의 풀타임 일을 하고 있다."

"나는 다섯 개의 풀타임 일을 하고 있다…."

"나는 다섯 개의… 풀타임… 일을…."

그 뒤로 말을 잇지 못했다. 그리고 그때 깨달았다. 나는 심한 일 중독에 빠져 있다는 것을 말이다. 풀타임 하나만 하기도 어려운데 나는 여러 가지 일을 풀타임으로 소화하려 했다. 그 순간에는 잘되는 것처럼 보였지만 내 몸과 마음은 썩어 가고 있었던 것이다.

당신은 사역에 중독되어 있지는 않은가

우리는 술 중독, 포르노 중독, 도박 중독은 나쁘다는 것을 잘 알고 있다. 그 어느 좋은 것도 '중독'이라는 단어가 붙으면 부정적인 의미로 재탄생된다. 하지만 현대 사회에서 유일하게 칭송을 받는 중독이 있는데, 바로 일 중독이다. 우리는 일을 잘하는 사람을 인정해 준다. 일을 잘하는 사람에게 더 많은 일을 준다. 상을 주는 것처럼 말이다. 그러면 일을 많이 하는 사람은 더욱 일을 많이 하게 되고, 서서히 일에 중독되어 간다.

많은 시간을 투자해 일을 마쳤을 때 느껴지는 뿌듯함과 다른 사람들로부터 받는 인정과 부러워하는 눈빛은 누군가를 일에 중독시키기 위해 필요한 모든 요소다. 다른 중독들은 나쁘다는 것을 잘 알면서 유일하게 일 중독만큼은 현대 사회에서 보상을 받고 있다.

그런데 여기에 이상한 점이 있다. 이러한 현상은 교회에도 있다는 것이다. 아니, 교회에서 더 심할 때가 있다는 것이다. 생각해 보면 교회에서 일 중독이 도모되는 이유가 한 가지 더 있다. 그것은 하나님의 이름으로 일을 할 수 있기 때문이다. "하나님의 일을 하기 때문에 몸이 부서질 때까지 해야지", "살아 있는 동안에 쉼 없이 하나님의 일을 열심히 할 거야", "잠은 천국 가서 자야지", "사탄은 쉬지도 않는데 내가 쉴 수는 없지." 이는 교회에서 종종 듣게 되는 말들이다.

이러한 생각을 한 번이라도 해 보았거나 이러한 말이 오고 가는 사역 환경에 있다면 자신이 일에 중독되진 않았는지, 또 일 중독에 보상하는 환경에서 사역하고 있지는 않은지 분별할 필요가 분명히 있다. 일 중독을 도모하는 환경에서 지금 당장 나오라고 말하는 것은 아니다. 그러한 문화라면 어떻게 바꿀 수 있는지 고민하고 변화를 촉진하는 분기점을 만들어야 한다.

일 중독에서 회복하기

상담사 선생님을 통해 나의 내면을 돌아보고 나 자신에 대해 배워 가다 보니 일 중독 현상이 나에게 어떤 모습으로 나타나는지 볼 수 있었다. 일 중독은 내가 무엇을 잘못할 때 본모습을 드러낸다. 잘못한 것이 표면 위로 나타나면 나는 그것을 덮기 위해 일을 더 한다. 일이 나의 도피성이 되는 것이다.

하루는 교회에서 퇴근하는 길에 차에서 핸드폰을 만지고 있었다. 운전 중 핸드폰 사용은 불법이기 때문에 하면 안 된다는 것을 알면서도 도로가 꽉 막혀 있는 상황이라 핸드폰에 손이 갔다. 그 순간 왼쪽에서 검은 기운이 느껴졌다. 미국에서 운전을 해 본 사람은 다 느끼는 기운일 것이다. 경찰차가 내 옆으로 왔고 경찰이 핸드폰을 만지는 내 모습을 확인하고 뒤로 가더니 사이렌을 켜고는 딱지를 준 것이다. 당시 운전 중 핸드폰을 사용하면 벌금이 자그마치 180달러(한화로 약 25-26만 원)가 넘었다!

딱지를 받은 나는 집에 가려던 차를 돌려 다른 곳으로 향했다. 어디로 갔는지 아는가? 바로 가족이 하는 사업장이었다. 이미 사업장이 문을 닫을 만큼 늦은 시간이었는데 나는 저녁도 먹지 않은 채 늦게까지 일을 했다.

겉으로 보면 '그게 뭐 나쁜 것인가?' 생각할 수 있지만 나는 일로 도피한 것이었다. 내 수치심을 일로 가리려

했던 것이다. 나의 잘못이 나타나면 그것을 직면하고 인정하고 반성하고 수습하면 되는데, 나는 잘못했다는 수치심을 가리려고 내가 잘하는 것으로 빨리 도피해 버렸던 것이다. 저녁을 먹지 않은 것은 나 자신을 벌한 것이고, 벌금 180달러를 다른 일로 메우고자 일에 몰두한 것이다. 일이 좋아서 했다기보다 일이 나의 도피성이었다. 이러한 반복이 나로 일에 중독되게 한 것이다.

상담을 받지 않았다면 그런 내 모습을 들여다볼 수 없었을 것이다. 계속해서 일에 몰두하고, 일에 대한 보상으로 일을 더 받고, 그 일도 열심히 해 더 큰 보상을 받아 가며 중독이 깊어졌을 것이다.

감사하게도 1년 반 동안 정규적으로 상담을 받으며 회복의 발걸음을 내딛기 시작했다. 바로 도입해야 하는 삶의 변화도 있었고, 서서히 만들어 간 경계선이 나를 다시 늪에 빠지지 않도록 보호 장치가 되어 주었다. 꾸준한 내면 성찰과 주변의 도움이 나를 일 중독의 늪에서 조금씩 꺼내 주었는데 그 적용점들은 다음과 같다.

바로, 멈춤(Stop)

바로 도입해야 하는 변화는 나의 소명과 관계없는 일들을 즉시 멈추는 것이었다. 교회 풀타임 사역자, 가족 사업에 참여, 유튜브 채널 두 개 운영, 책 집필을 위한 활동 중에서 즉시 내려놓아야 하는 일들을 내려놓는 작업을 시작했다.

첫 번째는 가족 사업에 참여하고 있는 나 자신을 조금씩 도려내는 것이었다. 나는 대학생 때부터 15년 동안 가족 사업에 참여했고 중요한 자리를 차지하고 있었기에 그 일을 줄이는 것이 쉽지 않았다. 하지만 하나님이 누구신가! 누구보다도 우리의 회복을 기뻐하시고 우리를 위해 길을 내시는 하나님이 또 다른 가족 구성원의 동참으로 인해 내가 조금씩 일을 내려놓을 수 있도록 인도하셨다.

두 번째는 "미국목사케빈"이라는 유튜브 채널 운영을 잠시 멈추는 것이었다. 2021-2022년은 코로나19 팬데믹으로 인해 온라인 사역에 대한 정보가 많이 필요한 때였고 시대적 사명을 느꼈기에 영상을 일주일에 하나씩 올

렸었다. 하지만 어느 순간 그저 영상을 올리기 위해 영상을 찍고 있는 내 모습이 보였고, 이는 그저 채널을 유지하고자 하는 마음이라는 것을 깨달았다. 그래서 '새로운 인풋(input) 없이 아웃풋(output)을 만들어 내지 말자'는 마음으로 채널 또한 중단했다. 물론 "미국목사케빈" 채널은 계속해서 새로운 배움이 있는 한 진행될 것으로 생각하고, 이 책의 내용도 영상으로 담길 예정이다.

건강한 경계선(Boundary)

정신 건강을 관리하기 위해 필요한 다음 단계는 건강한 경계선을 만드는 것이었다. 나는 상담사 선생님과 소그룹 구성원들의 권유로 바로 외부 사역에 대한 경계선을 만들었다.

사역자들은 모두 알고 동의하겠지만, 외부 사역을 하면 나 자신의 좋은 모습만 보일 수 있다. 초대를 받고, 그에 맞는 대접을 받고, 사례를 받고, 인정과 감사의 표현을 받으면 나 자신이 무엇이라도 된 양 착각하기 쉽다. 적어도 나는 그랬다. 초대, 대접, 인정, 찬송은 중독을 악화하는 데 좋은 조건들이다. 이 사실을 깨달은 후, 나는 외부 사역에 제한을 두었다.

여기서 좀 웃긴 점은, 나는 외부 사역 요청이 그렇게 많은 사역자가 아니라는 것이다. 외부 사역 요청을 그리 많이 받지도 않으면서 제한을 둔다는 것이 웃겨 보일 수 있겠다. 하지만 적어도 나에게는 영혼을 보호하고 정신이 건강하도록 도와주는 경계선이 되어 주었다. 외부 사역은 한 달에 하나만 할 수 있도록 경계선을 만들고, 그 내용을 소그룹 구성원들과 나누어 나를 지켜 달라고 부탁했다.

한 달에 외부 사역 하나도 많다고 느낄 수 있겠지만, 이 제한이 나에게 효과적이었던 이유는 대부분의 외부 사역의 경우 시즌이 있기 때문이다. 여름 수련회 혹은 겨울 수련회같이 6월과 12월에 사역이 몰린다. 따라서 외부 사역 요청이 없는 달은 지나가고, 요청이 많은 달에도 외부 사역 하나만 할 수 있는 나만의 경계선이 되어 주는 것이다.

이러한 경계선을 만들어 보니 내가 부르심을 받은 사역이 무엇인지가 더욱 명확해졌다. 가끔 재미 교포 2세

들로부터 영어 설교로 섬겨 줄 수 있냐는 요청이 들어올 때가 있다. 물론 그 사역에 응하고 싶은 마음이 굴뚝 같지만 나는 1.5세 한인 청소년과 청년들을 섬기고자 하는 마음이 더 크다는 것을 알게 되었다. 그래서 재미 교포 2세 관련 사역 요청에는 죄송하지만 "No"라고 답할 때가 많다. 하고 싶지 않아서가 아니라, 더욱 하고자 하는 일을 위한 공간을 만들기 위해서다. 외부 사역에 대한 경계선을 만듦으로 인해 내가 사명대로 사용받을 수 있는 기회까지 분별하게 되었다.

한국 교회 트렌드로 주목되는 정신 건강

매년 한국 교회에 좋은 인사이트로 길잡이가 되어 주는 목회데이터연구소의 《한국 교회 트렌드 2025》(규장, 2024)에서도 정신 건강의 중요성을 소개한다. "멘탈 케어 커뮤니티"(Mental Care Community)라고 네이밍하여 교회가 교인의 영적 건강뿐만 아니라 정신 건강을 돌보는 공동체로 자리 잡아야 한다는 의미가 뚜렷이 드러났다.

정신 건강에 대한 선입견이 강한 한국에서 영향력 있는 책이 정신 건강을 중요한 이슈로 삼아, 이제는 교회가 조금 더 친근하게 이 주제에 접근할 수 있게 되어 감사하다. 그만큼 정신 건강은 미국 교회, 한국 교회를 불문하고 교회가 자리 잡아 가야 하는 미래 대책이고 방향이다.

이 책이 멘탈 케어에 대해 제시하는 적용점들에 동의하며, 여기에 더하고 싶은 점이 있다면, 교회가 성도들에게 멘탈 케어를 제공하기 위해서는 교역자들이 먼저 멘탈 케어를 받아야 한다는 점이다. 교역자 자신이 겪고 있는 정신 질환이 있다면 부끄러움 없이 인정해야 한다.

내 마음의 병은 나의 부정적인 정체성이 아니다. 마음에 병이 있어도 괜찮다. 이것을 부끄러움 없이 받아들인 후에 신앙적인 면으로만 대응하는 것이 아니라 상담을 통해 회복되는 경험을 모두 누릴 수 있기 바란다. 그때 비로소 교회는 교인들의 멘탈 케어를 해 줄 수 있는 거룩한 공동체가 될 것이다.

미국 격언에 "내게 없는 것을 타인에게 줄 수 없다"는 말이 있다. 이는 교회를 멘탈 케어 커뮤니티로 만드는

데도 적용된다. 교역자가 정신적으로 건강하지 않은데 성도들의 멘탈 케어를 해 준다는 것은 모순이고, 따라서 영적으로 건강한 공동체를 만드는 것은 불가능하다.

지금부터 시작하는
정서적으로 건강한 영적 공동체

상담 받는 것에 대한 편견 버리기

독자가 사역자라면 도전하고 싶은 것이 있다. 교회 내에서 정신 질환에 대한 편견을 허무는 일에 참여하는 것이다. 그리고 그 일에 동참할 수 있는 가장 효과적인 방법이 있다. 바로 내가 상담을 받았다면, 혹은 지금도 받고 있다면 그 사실을 너무나도 자연스럽게 기회가 주어지는 자리마다 언급하는 것이다.

나는 4년째 상담을 받고 있다. 앞으로도 꾸준히 받을 예정이다. 교회에 가는 일 다음으로 가장 정규적인 스케줄이 되었다. 때로는 심각한 문제가 있어서 상담사 선생님을 만나기도 하지만 대부분은 큰일이 없어도 그냥 간다. 가서 이야기를 하다 보면 내가 숨겨 왔던 것, 내가 걱정하던 것들이 수면 위로 올라온다. 그럼 그 문제를 직면하고 회복하려 노력한다.

감사하게도, 이제 아내와 함께 상담에 참여한다. 아내는 부부로서 함께 받는 상담이 우리가 하나 되는 데 가장 큰 도움을 주는 통로라고 간증한다. 그리고 우리는 다른 부부를 만나 대화를 나눌 때 너무나도 자연스럽게 상담 받는 것에 대해 이야기한다.

"저희가 상담을 받고 있는데 그 상담을 통해 이런 걸 배웠어요."

"아, 이번 주 목요일 저녁은 저희가 상담을 받는 날이어서 만나기 힘든데, 금요일은 어떠세요?"

"저희가 이런 일로 부부 싸움을 하게 됐는데, 상담을 통해 건강하게 회복하는 법을 연습하고 있는 중이에요."

이렇게 말하면 듣는 사람들이 놀라기도 한다. 속으로 '목사와 사모가 상담을 받는다고?' 하며 편견을 갖기도 하는 것 같다. 하지만 상담을 통해 우리 부부가 영적 성숙과 정신 건강을 위해 노력하고 있다는 것을 느끼면 도

리어 우리에게 상담에 대해 물어본다. 우리 부부는 여러 부부에게 상담사 선생님을 소개해 주었고, 우리 부부의 상담사 선생님을 만날 수 없는 상황이라면 다른 상담사 선생님을 찾아볼 것을 권유한다.

사역자라면 더욱 자연스럽게 이 같은 멘탈 케어 방법을 언급하며 상담에 대한 성도들의 긴장감을 낮춰 줄 필요와 책임이 있다. 설교 중에도 적절하다면, 강의 중에도 적절하다면, 신앙 상담 중에도 적절하다면 내가 갖고 있는 정신적 어려움에 대해 고백하고, 내가 회복하고자 애쓰는 노력에 대해 이야기를 나누어야 한다.

역사상 가장 우울한 시대에 살고 있는 성도들에게 사역자가 본인의 정서적 어려움을 인정하고 회복과 변화의 가능성을 선포한다면 성도들은 큰 위로와 용기를 얻을 것이다.

사회적 위치가 높거나 영향력이 큰 사람일수록 정신적 어려움에 대해 언급하기가 힘들 것이다. 하지만 확실한 것은, 나의 약점을 고백하는 것보다 내가 인도하는 양들의 신뢰를 얻는 데 더 효과적인 방법은 없다는 것이다.

미국의 가장 큰 교회 라이프 처치(Life Church)의 담임 크레이그 그로쉘(Craig Groeschel) 목사는 이런 말을 했다. "사람은 항상 맞는 말을 하는 사람보다 항상 솔직한 사람을 따르게 된다."[10] 사역자로서 우리는 항상 맞는 말을 하려고 한다. 하지만 맞는 말과 함께 솔직한 마음을 나눠야 한다. 그때 성도들은 우리를 우러러보는 것이 아니라 우리를 인도하고 계신 하나님을 우러러볼 것이다.

정서적으로 건강한 영성 연구하기

멘탈 케어 커뮤니티를 만드는 데 사역자가 동참할 수 있는 또 하나의 방법은 지금부터라도 내면 세계에 관심을 갖는 것이다. 물론 목회학 석사(M.Div) 과정을 하면 상담 수업을 듣는다는 것을 알고 있다. 나도 상담 수업을 들었다. 하지만 기억하기론, 상담 테크닉을 배운 것이지 내 마음의 병을 인지하는 방법을 배우지는 않았던 것 같다. 사역자로서의 진정한 배움은 교실에서가 아닌 현장에서 많이 이루어지듯이 지금이라도 내적인 영역에 대해 공부를 하는 것이 중요하다.

두 권의 책을 추천하고 싶다. 첫 번째는 앞서 소개한 《정서적으로 건강한 영성》이다. 저자인 피터 스카지로 목사는 그 어디보다 바쁜 뉴욕에서, 그 누구보다 열심히 사역을 한 사람이다. 교회는 성장했고, 열매와 하나님의 역사도 있었다. 하지만 교회 성장 중에 그의 내면 세계와 가정은 무너지고 있었다. 이 책은 그가 뉘우친, "정서적 성장이 없이 영적인 성장은 불가능하다"는 깨달음에 대해 자세히 설명해 놓았다.

내면 세계의 건강에 도움이 될 수 있는 두 번째 책은 고든 맥도날드(Gordon MacDonald)의 《내면 세계의 질서와 영적 성장》(IVP, 2018)인데, 이 분야에 있어 고전과 같은 책이다. 고든 맥도날드 목사 또한 피터 스카지로 목사와 같이 많은 은사와 거대한 열정이 있는 젊은 목사였다. 하지만 자신의 내면 세계를 들여다보는 눈이 없었다. 저자는 이 책에 자신이 지켜 온 내면 세계의 질서, 그리고 이로 인해 만들어진 영적 성장에 대해 자세히 설명하고 있다.

나눔을 위한 질문

1 당신의 정신 건강에 점수를 준다면 100점 만점에 몇 점을 주겠는가?

2 주위에 정신적 어려움을 겪고 있는 사람이 있는가? 그를 바라보는 나의 마음은 어떠한가?

3 당신은 사역에 중독되어 있지는 않은가?

4 당신에게는 마음속에 있는 깊은 생각과 감정을 솔직히 털어놓을 수 있는 사람이 한 명이라도 있는가?

------

5 우리 교회는 정신 건강에 대해 얼마나 가르치고 있는가? 정신 건강에 대해 성경적으로 가르칠 수 있다고 생각하는가?

------

6 앞으로 우리 교회가 정신 건강에 대해 언급해야 한다고 생각하는가? 그렇다면 어떻게 조금씩 준비해 나갈 수 있을까?

교회의 건강은 교역자뿐만 아닌 그 배우자의 건강에서 크게 나타난다. 새들백은 지난 25년 동안 사모회를 이어 오며, 쉼과 교제를 도모하는 프로그램들을 진행해 왔다. 사역자 배우자의 역할은 그 무엇보다 교회 건강에 큰 영향을 미친다.

5

건강한 교회는 사모가 행복하다

내가 새들백교회에서 사역하며 배운 내용은 2022년 전과 그 후로 나뉜다. 그 이유는 2022년 11월에 결혼했는데, 미혼으로서 새들백교회에서 배운 내용들이 기혼자가 되어 사역하며 더욱 풍성해졌기 때문이다.

아내는 결혼 후 한국에서의 삶을 정리하고 나를 따라 이민자의 삶을 시작했다. 결혼 전 나는 새들백교회에 대해 적어도 60-70퍼센트는 안다고 생각했다. 하지만 결혼 후 교회가 나를 대하는 모습이 180도 달라졌다. 아내를 통해 새들백교회 사모 이야기를 듣다 보면 '나는 새들백교회의 50퍼센트도 모르고 있었구나'라고 생각되었다.

건강한 교회는 교역자의 가정을 돕는 일에 노력을 기울이는데, 그중에서도 교역자 사모에 대한 새들백교회의 이야기를 먼저 해 보려고 한다. 교역자의 배우자를 두루 다루지 않고 사모에 대해 다루지만, 각 교회에서 교역자의 가정을 어떻게 돕는지 고민하는 데 도움이 되길 바란다.

사모 수련회 기간에 교회는 잠시 멈춤

아내가 미국에 온 지 3주가 되지 않았을 때 새들백교회 사모 수련회가 있었다. 미국 생활 한 달도 안 되었는데 2박 3일 동안 남편과 떨어져 외국인들과 투숙하고 식사하고 예배드리는 일이 쉽지 않았을 것이다. 열한 살에 이민 온 나는 그 어려움을 누구보다 잘 알기에 수련회에 가지 않아도 된다고 말했지만 아내는 꼭 참석하기를 원했다. 그리고 아내의 선택은 우리가 건강한 사역자-부부가 되는 법을 가르쳐 주었고, 새들백교회 사모회에 대해 배울 수 있는 좋은 계기가 되었다.

우선, 교회가 사모 수련회를 얼마나 중요하게 생각하

는지를 배웠다. 새들백교회 사모 수련회는 1년에 한 번, 2박 3일 동안 진행되며 일시는 매년 4-6개월 전 모든 기혼 목회자에게 전달된다. 바로 담임 목사 사모의 이메일로 전달되는데 한 단어 한 단어가 교회가 교역자 사모를 생각하는 마음을 잘 보여 주기에 그 내용을 하나씩 짚어 보기 원한다. 먼저 인사말이다.

"Hello, husbands of our wonderful ministers' wives!"(안녕하세요, 사모님의 남편분들!)

"안녕하세요, 목사님들!"이라고 하는 편이 한결 자연스러운데 굳이 "사모님의 남편분들"이라고 쓴 것은 사모가 항상 '교역자 ○○○의 아내'로 소개되는 상황을 뒤집은 것이다. 생각해 보면 사모는 개인의 정체성과 사명이 있는 하나님의 자녀임에도 불구하고 교회에서는 교역자 누구의 아내로만 존재하는 경우가 대부분이다.

그 이후 메일의 내용은 "새들백교회 사모 수련회에 당신의 아내를 초대합니다"라는 문구로 이어진다. 2024년이 24회 개최되는 사모 수련회이니, 상당히 전통 깊은 수련회임을 엿볼 수 있다.[11] 그리고 그다음 말이 중요하다.

"It's our most anticipated event of the year"(매년 우

Save the Date: Ministers' Wives' RETREAT 2024!!!

Stacie Wood
to me

Thu, Nov 16, 2023, 1:52 PM

Hello, Husbands of our *Wonderful Ministers' Wives!*

We are so excited to invite your wife to join us at our 24rd annual Saddleback Ministers' Wives Retreat! For our team, it's our most anticipated event of the year, where we focus on giving all of our ministers' wives time to be refreshed, reconnect with each other, and refocus on all that God might have for them. Our church generously offers this weekend as a gift to them (no cost) to recognize and affirm their great value and ministry.

There are two HUGE ways you can help your wife enjoy this gift….

1. **Put it on your work and family calendar.** If you can protect this weekend from church, staff, and family events, that would go a long way with helping your wife feel free to attend the whole weekend that is being planned just for her. It begins with an informal lunch on Friday, February 9th at 12 noon, and ends after a very special morning session on Sunday, February 11th at 12 noon.
2. **Help your wife get there.** I'm sure you are aware that there are endless obstacles for her to truly "get away", even without small children. (But especially with small children!) You can start planning now to get any responsibilities covered or postponed to free her up. I know it's a lot to ask a pastor to do anything "extra" over a weekend, but please trust me when I tell you it is WORTH IT. (If you read all the way to the end of this email, we've included some quotes from our MW's after past retreats so you can see how special this retreat is to them.)

Andy & I believe this special weekend will not only encourage and affirm your wife, but that it will also significantly impact your marriage, your family, your ministry, and our whole church. We have seen firsthand how a family's fruitfulness and longevity in ministry is tremendously increased when the wife feels valued, connected, and a part of the vision.

Also our Ministers' Wives' team just really loves your wife, and we can't wait to spend some time with her!

새들백교회 사모 수련회를 안내하는 담임 목사 사모의 이메일리가 가장 기대하는 시간입니다).

사역자로서 매년 기대하고 기다리는 시간이 얼마나 많은가. 성탄절, 부활절, 청소년 부서 수양회 등 사역적으로 활발하고 기대되는 시간이 많은데, 사모 수련회를 그보다 더 기다려지는 시간으로 소개하며 수련회의 목적을 소개한다.

"giving all of our ministers' wives time to be refreshed, reconnect with each other, and refocus on all that God might have for them"(모든 사모가 생기를 되찾고, 서로 관계를 형성하며, 그들을 향한 하나님의 계획과 뜻에 집중할 수 있는 시간을 갖게 해 주기 위함입니다).

이를 위해 목회자들에게 부탁하는 두 가지가 있는데, 첫 번째는 이 주간을 가족 달력에 표기하고 사역 스케줄을 비우는 것이고, 두 번째는 사모들이 수련회에 편한 마음으로 참여할 수 있게 가정일을 돌보는 것이다.

그리고 교회 전체가 이를 돕는다. 사모 수련회가 열리는 기간에는 주일 예배 외에는 그 어떤 사역도 이루어지지 않는다. 찬양대도 없고, 소그룹 리더 모임도 없고, 새신자반도 없다. 일 년에 이 주간만 말이다. 그 이유는 사모들이 수련회에 참석하는 동안 목회자들이 집에서 자녀들을 돌봐야 하기 때문이다. 2박 3일 동안 모든 사모가 엄마로서의 역할과 목회자의 아내라는 역할을 잠시나마 내려놓을 수 있는 환경을 만들어 준 것이다.

사모 수련회는 어떻게 진행될까

나도 궁금해 물어보았는데, 사모 수련회는 마사지로 시작한다고 한다. 전문 마사지사들이 와서 사모들에게 50분 정도 무료로 마사지를 해 준다. (참고로 사역자 수련회에는 마사지가 없다.) 사모들은 얼마 만에 받아 보는 마사지일까?

마사지를 받은 후 맛있는 저녁을 먹는다. 아내에게 물어보면 일상생활에서 자기 자신에게 가장 많이 하는 질문이 "오늘은 무슨 음식을 해야 되지?"라고 한다. 그런데 2박 3일 동안만큼은 그 고민을 하지 않아도 된다. 그것만으로도 사모들은 행복과 쉼을 얻는다.

마사지와 맛있는 음식, 그리고 예배로 시작되는 수련회는 그 기간 느낀 점들과 회복을 공유할 수 있는 소그룹 단위로 이루어진다. 소그룹에서 새로운 관계가 형성되고 서로의 고민을 나눌 수 있는 장이 열린다. 그 이후 육의 쉼, 예배를 통한 영혼의 회복, 소그룹을 통한 관계 형성이 이어진다.

여기서 한 가지, 2박 3일 동안 이루어지는 프로그램은 많은 것들이 필수가 아닌 선택이다. 수양관 중앙에는 멋진 연못이 있는데 그 연못 주위를 돌며 개인적인 시간을 가져도 되고, 평소에 잠이 부족했다면 늦잠을 자도 된다. 프로그램 참여 중 피곤이 몰려오면 숙소에 들어가 낮잠을 청해도 된다. 이와 같이 2박 3일 동안 사모들은 자신의 성향에 이끌려 부족했던 관계 형성에 시간을 써도 되고, 숙소에 들어가 혼자만의 시간을 가져도 된다.

그리고 수련회 중간중간에 아내를 위한 남편의 깜짝 이벤트들도 마련되어 있다. 수련회 전, 사역자는 아내에게 손 편지를 쓴다. 어떤 사모들에게는 일 년에 딱 한 번 손 편지 받는 시간이라고 할 정도로 중요한 부분인데, 이 편지는 수련회 첫날 아내의 침대 위에 이름표와 함께 놓인다. 첫 사모 수련회에 참석했을 때 나의 아내 또한 이 편지를 읽으며 눈물을 많이 흘렸다고 한다.

사모 수련회가 열리는 수양관 내 연못

수련회 프로그램은 필수보다 선택이 많아
연못을 돌며 개인 시간을 가질 수도 있다.

또 다른 이벤트로, 사역자가 아내를 웃기기 위한 영상을 찍는다. 다음은 사모 수련회가 시작되기 전 사역자들에게 영상을 찍으라고 보낸 메일의 내용이다. 메일 내용에 "THE WIN"(이 영상을 찍는 이유)을 소개한 부분을 보면, "아내가 '내 남편이 시간을 들여 나를 웃겨 주려 노력하는구나'라는 생각이 들 수 있도록"이라고 적혀 있다.

나도 2023년 이 메일을 처음 받았는데 교회에 정말 고마운 마음이 들었다. 초보 남편으로서 아내를 위해 무엇을 해야 할지 모를 때, 지혜 있는 경력자 남편들이 "좋은 남편이 되려면 우리가 만들어 놓은 문화대로 따라와"라고 말하는 것 같았기 때문이다. 사역과 가정을 돌보는 것이 별개가 아니라 사역 안에서 가정을 돌볼 수 있는 방법을 허락하고 축복하는 공동체를 만난 것 같았다.

이때 사역자들은 정말 유치한, 아니 너무 유치해서 웃을 수밖에 없는 게임 영상을 찍는다. 내가 영상을 찍은 첫 번째 게임은 경사가 진 원목 판에 오레오 과자를 굴려서 골인하는 통에 담긴 소스를 찍어 먹는 것이었다. 골인 지점에는 물론 오레오와 어울리지 않는 소스들이 나열되어 있었다. 식초, 케첩, 겨자소스 등이다. 그때 아마도 나

Minister Wive's Retreat Video 2023   Inbox ×   Migrated_x

Colton Harker
to me ▼

Wed, Mar 1, 2023, 10:23 AM

Hey Guys –

It's that time of year again... The Minister Wives' Husband video.

If this is your wife's first retreat, every year the husbands put together a funny video to help kick off their opening session.

This year we are going to do "Minute to Win It" video, where our wives can win gift cards based on our performance. I will shoot one guy at a time playing two games (or one if you don't make it past the first round). One of them will have you trying to shake ping pong balls out of a tissue box attached to your waist, and another might have you eating something gross (depending on how well you do… gluten free options available haha).

THE WIN:
For our wives to know that we put in the time to do something fun for them and to give them a big laugh to start their weekend.

THE DETAILS
-We are shooting in Studio A in MO2 (I will have signs from the front door that will lead you to the right place)
-I will only need you for about 5 min

사역자들에게 보낸 영상 촬영 요청 메일

는 블루 치즈 소스와 케첩이 걸렸던 것 같다. (이 영상을 찍으며 아내가 함박웃음을 지으며 즐거워할 모습을 생각하니 케첩에 담긴 오레오가 꿀맛 같았다고 말하고 싶지만, 케첩은 케첩이었다.)

두 번째는 허리에 여러 개의 탁구공을 담은 휴지곽을 차고 몸을 흔들어 탁구공을 가장 빨리 떨어뜨리는 게임이었다. (체면을 중시하는 한국인으로서, 목회자가 이렇게 망가지는 것을 보고 아내가 기뻐할 것을 생각하면 하나도 부끄럽지 않았다고 말하고 싶지만, 굉장히 부끄러웠다.)

하지만 부끄러움이 한순간에 도전 정신으로 바뀌었는데, 그 이유는 내 다음 차례가 이 영상을 지난 15년 이상 찍어 온 우리 교회 선임 목사였기 때문이다. 이제 노년이 되고 결혼한 지 오래된 선임 목사가 여전히 아내를 웃기기 위해 스튜디오로 들어가는 모습을 보면서 나는 오레오에 케첩을 또 찍어 먹더라도 매년 이 기회를 놓치지 말아야겠다고 다짐했다.

여기서 사모 수련회에 대해 길게 나눈 이유는 새들백교회는 사모를 사랑하고 사역자가 배우자의 의견을 크게 존중한다는 것을 배웠기 때문이다. 그리고 그 존중은 사역 현장에도 연결된다.

사역의 필요성보다
사역자 가족의 의견을 중시하는 교회

미혼으로 사역할 때와 결혼 후 기혼자로 사역할 때의 새들백교회는 완전히 다른 곳이었다. 그 이유는 교회가 사역자를 바라보는 관점과 태도가 달라졌기 때문이다. 결혼 후 나를 더 이상 케빈 리(Kevin Lee)로 보지 않았고, 케빈과 사론 리(Kevin & Saron Lee)로 보기 시작했다.

결혼 전에는 교회에서 부서 이동이 있으면 생각할 사람이 당사자인 사역자 개인밖에 없다. 하지만 결혼 후에는 부서 이동을 고려할 때 아내의 의견을 꼭 묻는다. 내 경험상 한 번도 아니고, 두 번도 아니고, 서너 번을 묻는다.

나는 온라인 사역을 오랫동안 섬기다가 2022년 새롭게 세워진 위디어 캠퍼스[12] 부목사로 부서를 옮기게 되었다. 그 당시 위디어 캠퍼스의 담당 목사가 교회를 방문한 후 "사론 사모는 캠퍼스에 대해 어떻게 느꼈는가?"를 반복해서 물어봤다. 너무 많이 물어봐서 '사모의 경험에 대해 왜 이렇게 많이 물어보지? 일을 시키려고 그러나?'라고 생각했을 정도였다.

그러나 교회에서 사모에게 어떤 의무를 맡기기 위해서가 아니었다. 부부는 한 몸이고 남편이 사역지를 옮기는 것이 아내에게 큰 영향을 준다는 것을 알기에 여러 번 물었던 것이다.

사실 부서 이동 혹은 교회 이동은 당사자보다 배우자에게 더 큰 믿음과 헌신을 요구한다. 사역자는 부르심이라 생각하고 새로운 부서나 교회의 비전과 사명을 따라 움직여 적응하지만 배우자는 그런 남편/아내를 믿고 익숙한 공동체와 삶의 터전을 떠나야 하기 때문이다.

사모가 그 이동에 대해 어떻게 생각하느냐가 남편의 사역에 직접적인 영향을 미친다는 것을 잘 아는 새들백 교회가 사모의 의견을 반복해서 묻는 이유다. 감사하게도, 위디어 캠퍼스로 사역을 옮긴 큰 이유는 나보다 아내가 그곳에 대한 더욱 깊은 확신을 먼저 가졌기 때문이다.

또 한번은 이런 적이 있었다. 위디어 캠퍼스 부목사직에서 다른 캠퍼스의 담당 목사로 이동할 수 있는 제의가 왔다. 감사하면서도 조심스러운 마음으로 캠퍼스를 방문해 캠퍼스가 나와 맞는지, 또 나의 장점과 은사가 캠퍼스의 필요에 맞는지를 고민하기 시작했다. 그리고 교회 리더들은 사론 사모가 이 과정에 함께하길 원했다. 하지만 그때 아내는 한국 방문 중이어서 캠퍼스에 직접 가 볼 수 없는 상황이었다. 이 상황을 안 교회 리더들은 기다릴 수 있으니 사모가 미국에 돌아와 직접 캠퍼스를 방문한 후 충분히 대화를 나누고 결정하라고 말해 주었다.

교회 입장에서는 캠퍼스 담당 목사의 자리를 오래 비울 수 없었음에도 불구하고, 사모가 캠퍼스를 방문해 보지 않고 사역자가 홀로 결정을 내리는 것은 원치 않았다. 그 후 나도 한국을 방문했고, 아내와 함께 돌아와 캠퍼스를 돌아보았다. 주일에 나의 사역지를 몇 번이나 비우면서 새로운 캠퍼스를 방문해 신중하게 고려하는 시간을 가졌다.

지금 살고 있는 곳에서 멀리 떨어져 있는 캠퍼스였기 때문에 오랜 시간 운전해 이동하면서 우리 부부는 서로의 의견에 대해, 그리고 하나님이 우리 가정을 새로운 캠퍼스로 인도하시는지에 대해 많은 생각을 나눌 수 있었다. 그리고 이러한 대화 시간은 서로가 하나님의 인도하심을 어떻게 분별하는지 알게 하는 큰 통로가 되어 주었다.

우리 부부는 함께 캠퍼스를 방문하고 나서 현재 상황

에서는 사역지를 옮기는 것이 좋지 않겠다고 생각했고, 우리의 마음을 교회에 솔직하게 전달했다. 교회 리더십은 오랜 시간 기다려 준 것에 대하여 호의적인 결정이 아니어서 아쉬워했지만 우리 부부의 마음을 충분히 이해해 주었고, 오히려 다음에 더 좋은 캠퍼스가 있을 것이라고 용기를 주며, 미래에 대한 꿈과 소망을 불어넣어 주었다.

건강한 교회는 결혼한 사역자를 더 이상 홀로 보지 않고, 배우자와 한 몸을 이루었다는 것을 인지하여 함께함을 도모한다. 교회의 필요에 따라서 사역자를 부서에 배치하거나, 부서나 교회를 이동하는 이유를 사역자가 배우자에게 설명하며 설득하게 하는 것이 아니라, 모든 과정에 부부가 함께할 것을 강하게 권장한다. 그리고 사역자 부부 중 부서 이동에 대하여 기뻐하며 동의하지 않을 경우 진행하지 않는 경우도 많다.

사역자 부부가 되어 서로가 기쁨으로 동의하여 사역지를 옮기는 과정을 경험해 보니 결과적으로 사역이 더욱 풍성해졌다. 하나님이 나만 부르신 것이 아니라 우리 부부를 부르셨다는 깨달음을 얻기도 했다. 그리고 그 확신은 자연스럽게 아내와 사역에 대해 많은 대화를 나누게 하고, 고민과 문제가 있으면 아내와 궁리하며 해결책을 찾게 한다. 그 나눔 가운데 하나님이 아내를 통해 주시는 지혜와 은혜로 사역을 이어 갈 때가 많다. 부부로서 우리를 현 사역지에 불러 주신 하나님께 감사를 드린다.

부부가 함께 예배드리기

아내가 사적인 자리에서 하는 간증을 들어 보면, 새들백교회 사모로서 가장 행복한 것은 매주 남편과 함께 예배드리기라고 한다. 새들백교회는 사역자가 주일에 예배를 꼭 드리게 하고 있다. 당연한 것 아닌가? 하지만 당연하지 않은 것 중 하나는, 배우자와 함께 예배드릴 수 있게 도와준다는 것이다. 사역자가 배우자와 함께 참석할 수 있는 예배 시간을 정하고, 그 예배 시간에는 온전히 예배를 함께 드릴 수 있도록 도와준다.

우리 부부는 현재 주일 2부 예배를 우리의 예배로 정해 드리고 있다. 1부 예배를 열심히 섬기다가도 2부 예배 시간이 되면 아내와 함께 손잡고 들어가 찬양하고 말씀을 들으며 예배를 드린다.

사역자와 배우자가 함께 드리는 예배는 여러 가지 유익이 있다.

첫 번째는, 하나님의 전에 부부가 함께 들어가는 것이 주는 유익이다. 부부가 매주 떨어져서 예배를 드리면 신앙적인 부분에서 느끼는 것들, 말씀을 통해 받은 은혜와 찬양의 감격을 나누기가 어렵다.

함께 찬양을 드리다 보면 아내는 종종 눈물을 흘린다. MBTI가 감정형인 F여서일까? 만약 예배를 따로 드려도 아내는 찬양을 부르며 눈물을 흘렸을 것이다. 하지만 나는 그 사실을 몰랐을 것이다. 부부가 예배를 같이 드리면 좋은 점은 눈물을 흘리는 아내를 보며 '아, 오늘 하나님이 아내를 깊이 만나 주시는구나'를 인지할 수 있고, 이를 토대로 예배에 대해 함께 이야기를 나눌 수 있다는 것이다. 아내도 마찬가지일 것이다. 말씀을 통해 내가 깊게 깨달은 바가 있으면 내 반응을 보고 알아서 그것을 콕 집어 이야기한다.

사역자 부부가 같은 공간에 있더라도 예배를 따로 드리는 것과 바로 옆에서 드리는 것은 교류 정도가 굉장히 다르다. 옆에 앉아 예배를 드리면 움직이는 바디랭귀지를 통해서도 서로의 영적 상태를 파악할 수 있고, 때로는 위로, 때로는 권면을 할 수 있으며, 모든 시간에 그 영혼을 사랑할 수 있다.

두 번째는, 사역자 부부가 함께 예배드리는 모습을 보며 성도들이 위로받고 도전이 되는 유익이다. 다음 페이지의 사진은 우리 부부가 찬양하는 모습을 아름답게 봐 준 한 성도가 찍어 준 사진이다.

새들백교회 사역자들은 성도들에게도 가능하면 부부가 함께 예배를 드리라고 권면한다. 평신도로서 봉사를 하더라도 "예배를 먼저 드리고, 다음 예배를 섬기십시오"라고 말한다. 하지만 그렇게 권면하는 사역자가 배우자와 떨어져서 예배를 드리는 모습을 보인다면 그 말의 권위는 쉽게 서지 않을 것이다.

사역자가 배우자와 함께 예배를 드리고, 그 시간 외에 섬기는 모습을 보여 준다면 이는 사역자로서 성도들에게 줄 수 있는 가장 큰 축복과 가르침이 된다. 자녀들에게는 부모가 말로 가르치는 것보다 행동으로 보여 주는 것이 더욱 효과적이라고 한다. 사역자도 마찬가지다. 말

부부가 함께 예배드리는 모습

부부가 함께 드리는 예배를 통해 주일은 일하는 날이 아니라 주님을 예배하는 날이 된다.

로 하는 권면보다 하나님 앞에 부부가 온전히 함께 예배드리는 모습을 성도들에게 보여 주는 것이야말로 가장 큰 영적 가르침이다.

가정이 무너지고 새들백이 달라졌다

배우자와 함께 매주 예배를 드리는 것이 사역자에게 주는 세 번째 유익은, 자신이 사역자로 부르심을 받기 전에 누군가의 배우자로 부르심을 받았다는 우선순위가 명확해지는 것이다.

새들백교회의 2대 담임 목사인 앤디 우드는 이를 하나님의 심판대에 서게 될 자신에 빗대어 다음과 같이 설명했다. "내가 이 땅에서의 생을 마치고 하나님 앞에 가게 되면 하나님은 나에게 맡겨 주신 것들에 대해 심판하실 것이다. 그 내용을 여러 가지 컵에 적어 본다면 한 컵에는 '새들백교회 목사', 또 다른 컵에는 '스테이시의 남편', 또 다른 컵에는 '자녀들의 아빠' 등이 있을 것이다."

그러면서 이 중 하나님의 부르심과 우선순위는 그 컵

에 적혀 있는 나의 이름이 다른 이름으로 대체될 수 있는지 없는지를 생각해 보면 된다고 설명했다. 예를 들어, '새들백교회 목사'가 적힌 컵에는 현재 '앤디 우드'가 적혀 있을지 모르나 언제든지 대체될 수 있다. 하지만 '스테이시의 남편', '자녀들의 아빠'가 적힌 컵에는 자신의 이름 외에는 절대 다른 이름이 적힐 수 없다. 그렇기에 자신은 항상 남편과 아빠로서의 부르심을 목사로서의 부르심 앞에 두며 사역하고 있다고 말했다.

그 이야기를 들은 나도 하나님 앞에 서게 될 나 자신을 돌아볼 수밖에 없었다. 나는 어린 나이인 열세 살부터 목회자가 되는 것이 꿈이었다. 미래의 가정을 꿈꾸기도 전에 강단에 서서 설교하는 모습을 상상하며 자랐다. 그렇기 때문에 '목사'라는 부르심을 높이 두고 영광스럽게 생각한다. 목회자로서 내가 받은 부르심을 절대 낮게 보지 않는다. 나를 가장 잘 아시고 사랑하시는 하나님이 지금 나를 부르신 교회, 새들백교회에서 나는 최선을 다해 양을 돌볼 준비가 되어 있다.

하지만 '새들백교회 목사'가 적힌 컵에서 나의 이름은 언제든지 바뀔 수 있다는 점도 인지하고 있다. 내가 없어도 그 자리는 채워질 수 있다. 하지만 '이사론의 남편'이 적힌 컵에는 내 이름만 적혀 있다. 그렇기 때문에 함께 예배를 드리며 한 영혼의 배우자로서의 정체성과 사명을 매주 돌아보는 것은 사역자의 거룩한 책임이다.

새들백교회는 항상 사모를 잘 챙기고 사역자 부부 사이를 도왔을까? 아니다. 릭 워렌 목사의 아내 케이 워렌은 결혼 후 첫 1-2년은 지옥 그 자체였다고 종종 고백한다. 남편은 사역에 미쳐 늘 부재했고, 사역에 모든 힘을 쏟고 가정을 돌아보지 않았다. 교회는 성장하고 있는 것처럼 보였지만 워렌 부부의 사이는 그러지 못했다. 그러다가 릭 워렌 목사는 과로로 쓰러졌고, 그때부터 자신의 건강과 아내, 가정을 돌보는 데 힘썼다.

새들백교회 사모 수련회도 릭 워렌 목사의 아내 케이 워렌과 릭 워렌 목사의 여동생이 2000년에 만들었다. 둘은 은퇴한 후에도 사모 수련회에 꼭 참석해 사모들을 돌보고 사역자 부부의 관계를 돕는 일을 도모하고 있다.

독자가 섬기는 교회도 동일한 노력을 꾸준히 계속한다면 건강한 부부가 섬기는 건강한 교회가 될 것이다. 그 시작을 돕기 위해 다음 질문들을 함께 나눠 보자.

나눔을 위한 질문

1 나의 사모는 현재 행복하고 건강한가?

---

2 우리 교회 사모들은 교회에 대해 어떻게 생각하고 있는가?

---

3 우리 교회 사역에 있어 사모들의 생각과 의견은 얼마나 반영되는가?

---

4 우리 교회가 마지막으로 사모들을 섬긴 적은 언제였나?

5 향후 3개월 이내에 사모들을 위해 교회가 할 수 있는 일은 무엇일까?

전인격적 회복을 도모하는 캠퍼스를 만들고자 한 원로 목사의 비전을 잘 표현한 곳으로, 중고등부 학생들의 세례도 이루어진다. 원로 목사의 리더십에 대한 철학은 교회 곳곳에 정확하게 표현되어 있으며 모든 사역자에게 전해지고 있다.

6

교회가 성장하려면
내가 끊임없이
성장해야 한다

사역자에게 있어 가장 중요한 자질은 무엇일까? 새들백교회를 섬기기 전까지는 '설교', '목자의 마음', '헌신과 희생'이라고 말했을 것 같다. 하지만 새들백교회를 섬긴 지 9년이 되는 지금은 '리더십'을 꼭 추가할 것이다.

리더십 코치[13]로 유명한 존 맥스웰(John Maxwell)은 "모든 것은 리더십에 의해 흥하기도 하고 쇠하기도 한다"라고 말했다. 미국에서 가장 큰 교회 라이프 처치의 담임목사 크레이그 그로쉘은 "리더가 성장하면 모두가 승리한다"라며 그의 부교역자들에게 리더십을 늘 강조한다.

나는 리더십은 세속적인 기술이라고 생각했다. 하지

만 새들백교회를 경험하면서 생각이 바뀌었다. 이러한 관찰을 한 적이 있다. 분명히 동일한 담임 목사와 동일한 사명을 가진 교회 안에서도 어떤 팀장 밑에 있느냐에 따라 개인이 갖게 되는 만족과 스트레스, 기쁨과 아픔, 그리고 교회에서 섬기는 기간까지 영향을 받는 것이었다. 사역을 행복하고 즐겁게, 만족을 느끼며 하는 데 있어 가장 중요한 것은 '어떤 리더 밑에 있느냐'임을 목격하게 되었다.

우리는 모두 좋은 리더 밑에서도, 나쁜 리더 밑에서도 일해 본 경험이 있다. 그때마다 사역할 때의 즐거움, 사역 후의 만족도, 그리고 정신적, 육체적 건강에 있어 차이가 있었을 것이라고 짐작된다. 이와 같이 리더십이 사역자에게, 또 교회에 중요한 이유는 사역자는 다른 사람에게 영향을 주고받는 존재이기 때문이다.

새들백교회는 부교역자들을 어떻게 훈련할까? 한때 500여 명이나 되었던 사역자들을 어떻게 양성했을까? 그것은 바로 "우리는 모두 리더입니다"라는 말을 말해 주고, 또 말해 줌을 통해서다. 사역자 모두에게 '나는 리더다'라는 사실을 반복해서 일깨워 주었다. 우리는 교회

조직 속 어떤 자리에 있든 모두 리더다.

2017년 인턴으로 새들백교회에 들어갔을 때다. 인턴이라는 위치는 계급상 조직의 가장 낮은 자리이기 때문에 나는 그저 커피를 나르고 A4용지를 복사하는 일만 하게 될 줄 알았다. 그것만으로도 충분히 감사했다. 하지만 나를 인턴으로 고용한 새들백교회의 생각은 달랐다. 내가 참여하는 모든 회의에서 나의 의견을 물어보고 질문했다. 회의를 할 때면 참석한 모든 사역자가 의견을 내길 원하는 문화였고, 여기에는 인턴도 제외되지 않았던 것이다.

회의 안건에 대해 내 생각을 물어볼 때마다 나는 인턴으로서 의견을 낼 자격이 없다고 생각했다. 나는 팔로워이지 리더가 아니라고 생각했기 때문이다. 하지만 그들[14]은 나를 팔로워로 보지 않고 리더로 봐 주었다. 그리고 회의에 참석한 경우 지위가 어떻든 동일한 무게와 영향을 미칠 수 있는 신기한 온기가 느껴졌다.

회의에서뿐만이 아니었다. 새들백교회는 인턴으로서도 리더십을 펼칠 수 있는 기회를 계속해서 제공해 주었다. 사역자 회의를 인도해 보기도 했고, 릭 워렌 목사의 사무실을 방문해 이야기를 나눠 볼 기회도 있었으며, 사역을 맡아 기획하고 실행할 수도 있었다. 이러한 경험은 나로 인해 '인턴이니 따라가야지'라는 마음에서 '리더이니 이끌어야지'라는 마음가짐을 갖도록 변화시켜 주었다.

리더십에 대한 오해 풀기

교회와 사역자에게 있어 리더십은 너무 중요하다. 이 부분에 이의를 제기할 사람은 없을 것이다. 하지만 교회 리더십에 대한 한 가지 오해가 있다. 그것은 바로 많은 사역자와 성도들이 담임 목사의 리더십만 중요하다고 생각하는 것이다. 아니, 담임 목사만 리더라고 생각하는 것이다. 부교역자의 리더십은 존재하지 않고, 존재하더라도 영향력이 굉장히 적다고 생각하는 것이 교회 리더십에 대한 가장 큰 오해일 것이다. 그리고 이 오해는 교회의 건강과 성장에 엄청난 걸림돌이 된다.

새들백교회의 교직원 구조를 보면 계층이 있다는 것을 알 수 있다. 하지만 담임 목사든 시설 관리자든 교직원 모두가 '나는 리더다'라는 생각을 갖고 각자 사역에 임한다. 모두가 '나는 팔로워를 이끄는 리더가 아닌 다른 리더를 이끄는 리더다'라고 생각한다.

어릴 때부터 듣던 말이 있다. "좋은 리더가 되기 위한 최고의 방법은 좋은 팔로워가 되는 것이다." 그 의미와 의도는 충분히 이해하지만 나는 그보다 더 좋은 방법을 경험했다. 좋은 리더가 되기 위한 가장 좋은 방법은 내가 이미 리더라는 것을 인지하는 것이다.

이 책을 읽는 독자에게도 도전하고 싶다. 당신은 이미 리더다. 위치적으로 담임 목사든 인턴이든, 아니면 이제 막 신학을 시작한 교육부 전도사든 찬양 사역자든 장로든 집사든 당신은 리더다. 하나님이 당신에게 교회와 부서를 이끌 수 있는 리더십을 충분히 주셨다. 있는 자리에서 나 자신을 하나님이 세우신 리더로 보고 최선을 다해 성장하는 리더가 되길 바란다.

교회 내 전체 리더십 강화하기

건강한 교회에는 건강한 사역자가 필요하고, 건강한 사역자를 양성하기 위해서는 '서로를 리더로 세워 주는 문화'가 필요하다. 새들백교회는 다음과 같은 방법들을 사용해 그러한 문화를 만들어 갔다.

"당신은 리더다"라는 말의 무한 반복

새들백교회에서 사역을 하다 보면 "당신은 리더입니다"라는 말을 굉장히 많이 듣게 된다. 전체 사역자 회의, 팀 회의, 비전 캐스팅, 선임 목사와 일대일 면담 시간 등 담임 목사와의 소통 시간이나 사역자들 간의 대화에서 "당신은 리더입니다"라는 말을 수없이 듣는다.

내가 리더라는 것을 인지하기 위해서는 누군가가 그 사실을 일깨워 주어야 한다. 스스로 깨우치기에는 너무 긴 시간이 걸리고 뼈아픈 경험을 하게 되기도 한다. 하지만 누군가가 내가 리더라고 반복해서 인정해 주고 이야기해 주면 자기 자신도 보지 못한 리더로서의 잠재력과 정체성을 찾게 된다. 그러면서 리더십에 대해 호기심이 생기고 질문을 하게 된다. '내가 정말 리더인가?'

나 또한 전체 사역자 회의에서 릭 워렌 목사가 "우리 교회에는 팔로잉(following)은 있지만 팔로워(follower)는 없습니다"라고 말했을 때를 생생히 기억한다. 새들백교회에는 따라감(following)은 있지만, 우리는 팔로워가 아닌 리더로서 따라간다는 말이었다.

처음에는 그 의미를 이해하지 못했지만, 이제는 그 구도와 관계를 이해한다. 지금까지는 리더가 위에 있고 그 아래 있는 사람들은 한 리더를 따르는 팔로워들이라고 생각했다면, 새들백교회는 '리더가 또 다른 리더를 따르는(leader-following-leaders) 구조'를 갖고 있다는 것이다. 다음 도표가 도움이 될 것 같다.

이 구조는 리더가 가장 상위에 있고 그 아래에는 한 리더를 따르는 팔로워들만 있는 교회의 모습이다. 이 모습이 잘못된 것은 아니다. 하지만 건강하고 성장하는 교회를 세워 가는 데 있어 가장 효과적인 구조는 아니라고 생각된다. 왜냐하면 교회의 건강과 성장이 가장 상위에 있는 한 명에게 집중되어 있기 때문이다. 가장 상위에

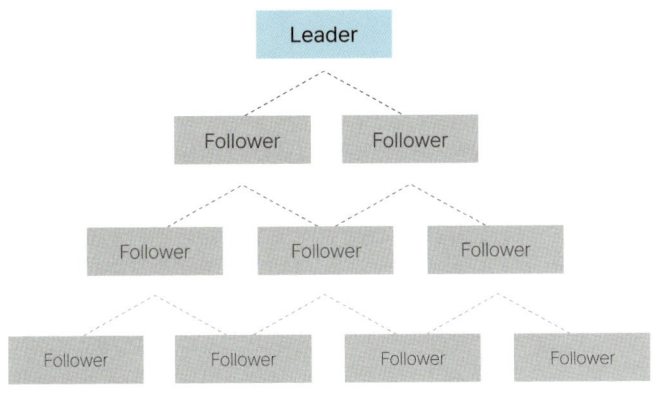

리더를 따르는 팔로워(Followers Following Leader)
많은 팔로워들이 리더 한 명을 따르는 구조

있는 리더가 건강하지 않으면 그를 따르는 모든 팀원은 건강하기 어려운 구조다. 또 팔로워들이 최종 리더의 모든 결정을 기다려야 하는 구조라면 교회는 시시각각 바뀌는 세상의 속도에 계속 뒤처질 것이다. 결정 혹은 지시를 기다리게 되면 그 결정에 대한 확신이 부족해질뿐 더러 방향에 대한 결정이 느릴 수도 있고 너무 빠를 수도 있다.

하지만 이 구조에는 더 심각한 문제가 있다. 바로 의

견의 다양성이 없다는 점이다. 결정하는 데 있어 의견의 다양성이 없으면 최고의 결정이 도출되기 어렵다. 이 구조에 반대되는 새들백교회의 구조를 소개하면 다음과 같다.

언뜻 보면 앞의 도표와 차이가 없는 듯하다. 하지만 리더가 가장 상위에 있고 그 아래 따르는 모두가 '리더'로 표기되어 있다. 팔로잉은 명확하게 있다. 구조가 있기 때문에 사역의 질서가 무너질 걱정을 할 필요가 없다. 이 점이 한국 교회에서 가장 염려하는 부분인 것 같다. '모두가 리더라고 생각하면 최종 리더의 권위가 무너지지 않을까?' 그렇지 않다. 부교역자들이 자신이 리더라고 생각할 때, 최종 리더에 대한 존중과 존경은 오히려 더 올라간다.

이러한 구조 가운데 있다 보면 물론 최종 리더의 건강이 중요하고 가장 큰 영향을 미치지만 모두가 개인의 리더십을 돌아보기 시작한다. 그리고 자신이 이끄는 다른 리더들을 최대한 잘 이끌려 노력하게 된다.

조직의 모든 구성원이 리더라는 책임감을 갖고 섬기기 때문에 모두의 만족도가 높고 결정에 대한 참여도 또

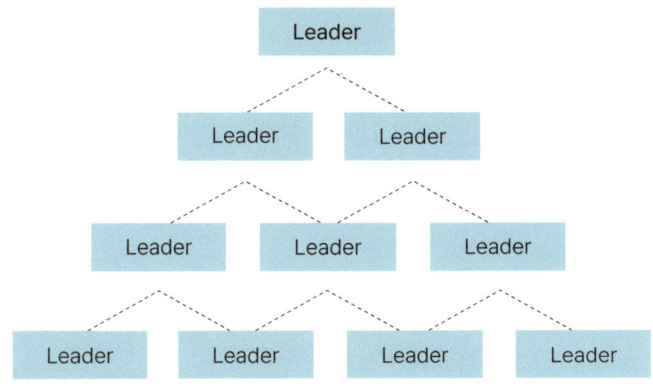

리더를 따르는 리더(Leaders Following Leaders)
리더를 따르는 모든 사람이 리더인 구조

한 높아진다. 모두가 리더라는 생각과 책임감을 느끼며 사역하면 지시를 기다리는 수동적인 자세에서, 공동체가 겪고 있는 어려움과 문제를 해결할 아이디어를 찾는 역동적인 모습으로 바뀐다. 본인의 아이디어가 최종적으로 받아들여지지 않더라도 참여했다는 사실만으로 최종 결정을 기쁘게 받아들이고 실행에 참여하는 변화가 일어난다.

또 리더들이 모여 공동체를 이룰 때 나타나는 가장 큰

장점은 아이디어의 다양성이다. 최종 리더가 모든 문제에 결정을 내린다면 그 결정의 면면은 다양하기가 어렵다. 다양하지 않으면 건강하기 어렵다. 하지만 모두가 자신의 목소리를 내어 자신이 속한 사역팀과 교회 방향에 영향을 미치게 된다면 개개인이 다른 만큼 다양한 방법과 방향이 제공될 것이다. 서로 다른 아이디어가 나누어지고 수용되면 교회와 사역자들은 더욱 건강해질 것이다.

당신도 리더다. 교회에서 섬기는 위치가 어디든 당신은 영향력 있는 리더다. 최소한 자기 자신은 인도할 수 있지 않은가. 당신에게 아무도 이 사실을 말해 주지 않았다면 이 책이 당신에게 크게 외치는 소리를 들었으면 한다. "당신은 팔로워가 아닌 리더다."

교회가 사역자의 성장을 의도적으로 돕는다

요즘 MBTI가 서로를 이해하는 데 유용한 도구로 사용되고 있다. 독자의 이해를 돕기 위해 말하자면 나는 ISTJ로, 현실주의자다. MBTI는 개인의 성향을 이해하는

데 유용하지만 이외에도 리더십 자질과 강점 및 약점을 발견하는 데 사용할 수 있는 도구가 굉장히 많다. 새들백교회는 여러 가지 성격 유형 테스트와 강점 및 약점 테스트를 통해 개인의 리더십을 발견할 수 있도록 돕는다.

나는 새들백교회를 섬겼던 9년 동안 MBTI 검사 2회, 《위대한 나의 발견 강점혁명》(청림출판, 2021)이라는 책을 바탕으로 한 강점혁명(Strengths Finder), 애니어그램, PI(Personal Intelligence, 성격지능 지수) 등 여러 가지 성격 유형 검사와 리더십 발굴 도구들을 사용했다. 이는 내가 리더로서 어떤 성향을 갖고 있고 어떤 강점과 약점이 있는지를 깨닫는 데 너무나도 큰 도움이 된 통로들이다.

예를 들어, 《위대한 나의 발견 강점혁명》은 우리 모두에게 있는 34개의 강점 중 내가 갖고 있는 다섯 가지 강점을 발견할 수 있게 도와준다. 2021년 이 테스트를 통해 발견한 나의 다섯 가지 강점은 다음과 같다. 지적 사고(Intellection), 수집(Input), 심사숙고(Deliberative), 미래 지향(Futuristic), 전략(Strategic)이다.

이 테스트가 내가 새들백교회에서 사역하는 데 도움이 되었던 이유는 '수집'이라는 강점을 통해 데이터를 모아 패턴을 발견하고 미래를 위한 전략을 세우는 데 중요한 역할을 했기 때문이다.

사실 내 강점 중 두 번째가 수집이라는 것을 확인했을 때 실망했었다. 우표나 동전 수집가도 아닌데 사역자로서 수집이 강점이어서 뭐 하나 싶었다. 하지만 자세히 들여다보니 수집이라는 강점은 어려운 정보를 쉽게 분석해 설명하는 능력이라는 것을 알 수 있었다. 그러고 보니 유튜브 채널 "미국목사케빈"을 운영하고 《온라인 사역을 부탁해》를 집필할 수 있었던 것도 내가 수집이라는 강점이 있어서였다는 것을 깨달았다. 그리고 지금 나는 하나님이 주신 수집이라는 강점을 통해 하나님 나라를 섬기기 위해 새들백교회의 건강과 성장 비결의 패턴을 분석하고 수집하여 이 글을 쓰고 있는 것이기도 하다.

그렇다면 한국 교회는 부교역자의 성장을 돕지 않는가? 그렇진 않을 것이다. 그렇지 않다고 믿고 싶다. 하지만 여러 정보를 '수집'해 본 결과, 한국 교회에서 부교역자 리더십 발굴은 의도가 아닌 실수로 이루어진다는 것을 알게 되었다. 수영할 줄 모르는 사람을 바다 한가운데 빠뜨려 수영을 배우게 하는 식의 발굴이라고도 말한다.

물론 그렇게 하면 바다에서 살아남는 법을 배울 수는 있다. 그러나 수영을 배웠다고 하기에는 어려울 수 있다. 그리고 이런 의도 없는 리더십 발굴로는 교회가 부교역자의 성장을 도왔다고 말하기 어렵다. 건강한 교회와 성장하는 부교역자들을 세우기 위해서는 교회가 사역자의 성장을 의도적으로 도와야 한다.

그렇다면 교회가 어떻게 의도 있는 리더십 발굴을 시작할 수 있을까? 가장 좋은 방법은 사역자들이 함께 책을 읽는 것이다. 새들백교회에는 모든 사역자가 함께 읽거나 개인이 속한 팀에서 함께 읽는 책들이 정기적으로 있다. 새들백교회에서 사역자들에게 제공하는 필수 도서 목록을 보면 교회가 사역자의 리더십을 돕는 내용과 흐름을 알 수 있다.

지금 내 책장에 꽂힌 새들백교회에서 준 책들을 보면 50퍼센트 이상이 리더십에 관련된 주제다. 패트릭 렌시오니(Patrick Lencioni)의 《The Ideal Team Player》, 크레이그 그로쉘의 《Lead like It Matters》, 앤디 스탠리(Andy Stanley)의 《Next Generation Leader》 등 리더십에 관련된 책들을 읽다 보면 모든 사역자의 마음 가운데 '나 또

한 리더'라는 인지가 생기기 시작할 것이다.

그중에서도 내가 특별히 감명 깊게 읽은 책이 있다. 새들백교회 필수 도서 중 하나였는데, 클레이 스크로긴스(Clay Scroggins)의 《How to Lead when you're not in charge》(Zondervan, 2017)라는 책이다. 한국어로는 번역되지 않았는데, 이 책은 '내가 권위가 없을 때에도 리더가 되는 법'을 제시하고 있다.

이 책이 감명 깊었던 이유는 저자 또한 '팔로워가 리더를 따르는 교회'가 아닌 '리더가 리더를 따르는 교회'에서 섬긴 경험을 바탕으로 리더십 제안을 했기 때문이다. 바로 미국 동부 애틀랜타에 위치한 노스포인트 교회(NorthPoint Church, 앤디 스탠리 담임 목사)에서 인턴으로 시작해 노스포인트 담당 목사까지 성장한 클레이 스크로긴스 목사의 이야기다.

교회가 목회자의 리더십을 양성할 때 교회가 함께 성장한다는 것이 새들백교회에만 아니라 나라 반대편에 있는 노스포인트 교회에도 적용되었다는 점에서 큰 확신을 얻었다. 자신이 최종 권위자가 아니어도 영향력 있는 리더가 될 수 있다.

리더십 트레이닝

사역자가 되고 난 후 가장 아쉬웠던 점 중에 하나는 신학교를 졸업한 다음에는 사역자로서 체계적인 교육과 훈련을 받기가 어렵다는 점이었다. 물론 사역 현장에서 일어나는 사고적인 훈련은 있을 수 있다. 하지만 앞에서 말한 것같이 누군가가 나의 성장을 돕기 위해 만들어 놓은 의도 있는 훈련 프로그램 혹은 리더십 트레이닝을 수료하는 것을 바라기는 힘들었다.

그런데 새들백교회에서의 9년을 돌아보면 시기에 맞는 성장 프로그램이 꼭 있었다. 첫해에는 한 달에 한 번 있는 인턴십 훈련이었다. 인턴십 훈련에서는 자신이 한 달 동안 새로운 시도를 하고 도전을 한 부분에 있어서 다른 인턴들과 대화하면서 배운 바를 나누고, 여러 사역 담당자들이 와서 리더십 가치를 가르쳐 주기도 했다.

내가 1년 동안 인턴십을 하면서 배운 가장 큰 리더십 가치는 '실수'에 관한 것이었다. 인턴 모임에서는 인턴들이 매주 적어도 한 개 이상의 실수를 나누게 했다. 실수를 나누지 못한다면 새로운 일에 도전하지 않은 것이라 생각했기에, 인턴들은 모험과 시도를 도모했다. 새들백교회에서는 인턴들이 꾸준히 도전할 수 있는 환경을 만들어 주었으며 실수를 부끄러운 것이나 약점으로 보지 않았다.

하지만 이 제도에서도 중요한 것이 있었다. 동일한 실수를 반복해서는 안 된다. 왜냐하면 똑같은 실수를 반복했다는 것은 그 실수에서 배울 점을 배우지 못한 것이기 때문이다. 인턴들은 '일주일에 한 번 새로운 실수를 하되 동일한 실수는 두 번 반복하지 않는 가치'를 늘 생각하며 사역에 임했다.

인턴십이 끝나고 정식 사역자로 섬기는 동안에는 수많은 리더십 콘퍼런스(다음 세대 교육을 중심으로 하는 오렌지 콘퍼런스, 리더십을 위한 카탈리스트 콘퍼런스, 교회 개척을 돕는 엑스포넨셜 콘퍼런스, 새들백교회 목회 철학을 나누는 목적이 이끄는 교회 콘퍼런스, 사역자들의 쉼과 관계를 돕는 콘퍼런스 등)를 다니며 성장을 독촉하고 추구했다.

이러한 의도 있는 성장과 지원을 누가 생각하고 도모하는 것일까? 새들백교회에는 가장 신기한 목사가 한 명 있다. 그의 직함은 '리더십 목사'(Leadership Pastor)다. 사역자의 리더십을 양성하기 위해 리더십 박사학위가 있고, 실전 사역 경험도 많으며, 교수로도 섬긴 이력이 있는 리더십 목사가 꾸준하게 커리큘럼을 발굴하고 콘퍼런스를 소개하며 지도한다.

물론 모든 교회가 리더십 목사를 고용할 필요는 없고 그러기 힘들다는 것도 잘 안다. 하지만 모든 교회가 리더십을 발굴할 수 있는 방법과 전략을 세우는 것은 중요하다. 이런 말이 있다. "새들백교회에는 실력 없는 사역자가 들어올 수 있으나, 성장하지 않는 사역자는 오래 있기 힘들다."

현재 새들백교회에는 20개의 캠퍼스가 있다. 이 캠퍼스들을 담당하고 있는 목사를 '캠퍼스 목사'(Campus Pastor)라고 하는데 담임 목사 외에 새들백교회에서 가장 높은 직위에 있는 목회자들이다. 캠퍼스 목사는 어떻게 될 수 있을까? 가끔은 외부에서 초대해 오기도 하고, 내부에서 추천을 받아 캠퍼스 목사가 되기도 한다.

그런데 나는 8년 동안 교회를 섬긴 후에야 캠퍼스 목사의 자질을 키워 주는 훈련 프로그램이 있다는 것을 알게 되었다. 이 프로그램은 누군가의 추천이 있어야 참여할 수 있고, 9개월 동안 진행되며, 수료하고 나면 높은 직위에 있는 캠퍼스 목사로서의 역할을 잘 감당할 수 있도록 학습 곡선을 낮춰 주는 훈련반이다.

감사하게도 2025년 나는 캠퍼스 목사 훈련반을 수료했다. 그간 새들백교회에서 받은 사역자 훈련 중 가장 고강도 훈련이었고 그만큼 배운 것도 많은 자리였다. 이 훈련반에서 배우는 주제는 "팀 문화를 세워 가는 방법", "어려운 사람을 상대하는 방법", "교회의 재정을 읽는 방법", "예배 인도를 잘하는 방법", "내가 경험해 보지 않은 사역을 중시하는 방법" 등으로, 굉장히 광범위하지만 하나도 없어선 안 되는 내용들이다.

캠퍼스 목사 훈련을 수료했다고 해서 캠퍼스 목사가 되는 것은 아니다. 하지만 캠퍼스 목사가 되지 않더라도, 사역자로서 경험할 수 있는 최고의 훈련이었다고 생각한다.

선임 목사와의 일대일

많은 사람들이 미국 교회는 수직적이지 않고 수평적인

캠퍼스 목사 훈련반 수료자들과 함께
사역자 훈련 중 가장 고강도이자 최고의 훈련이었다.

조직을 갖고 있다고 생각해 부러워한다. 하지만 그렇지 않다. 조직은 수직적이다. 관계가 수평적인 것이다. 나의 경우 지금 내 위치에서 담임 목사인 앤디 우드 목사 외 총 세 단계의 선임 목사들이 있다. 보다시피 조직 구조는 굉장히 수직적이다. 하지만 그 조직에 있어서 윤활유 역할을 하는 관계는 친구 같고 수평적이다.

새들백교회에는 신기한 제도가 하나 있다. 바로 한 달에 한 번 담당 선임과 함께 일대일 시간을 갖는 것이다. 현재 나는 나의 담당 선임과 매월 첫째 주 화요일 1시에 일대일 시간이 예정되어 있다.

이 시간에는 개인적인 문제 하나와 사역적인 분야에서 선임의 도움이 필요한 문제 하나를 나눈다. 개인적인 문제의 경우, 가정에서 겪는 어려움을 나누기도 하고 사적인 고민을 자유롭게 이야기할 수 있다. 어떤 주제도 상관없다. 당시 자신의 최고 고민과 관심사를 나눌 수 있는 시간이다.

선임과 함께하는 일대일 시간은 새들백교회가 건강한 사역자 문화를 발굴하는 열쇠라고 생각한다. 큰 조직이 작게 느껴지고, 복잡할 수 있는 구조가 단순하게 소

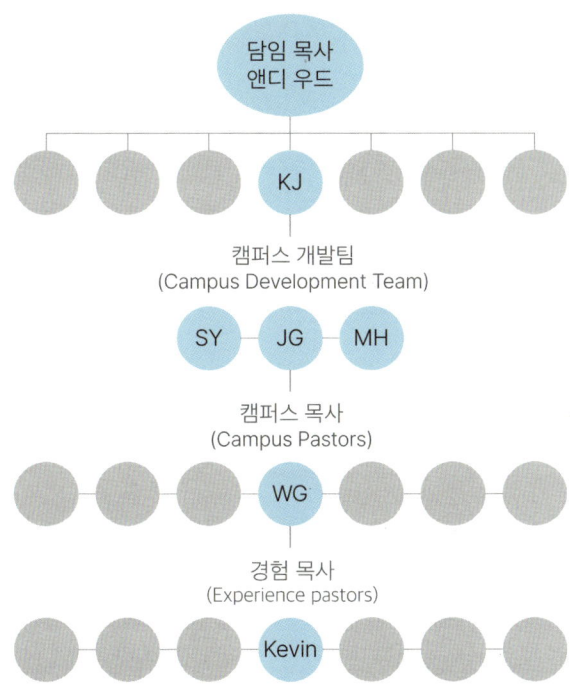

새들백교회의 목회자 구조
수직 구조 내에 수평 관계를 위한 연결 고리

화되게 하는 제도다. 선임 목사에게 섭섭한 일이 있으면 매월 정해진 시간에 자연스럽게 나눌 수 있다. 사역에 대해 이야기를 나누다 보면 나도 모르고 있었던 도움이 필요한 곳에 도움을 요청할 수도 있다. 선임 목사와의 일대일 시간이 어떤 이유에서라도 취소가 되거나 연기되면 내심 아쉽게 느껴질 정도다. 그 정도로 새들백교회 사역자에게 소중한 시간이다.

당신은 한 달에 한 번씩 선임 목사와 한 시간씩 이야기할 수 있다면 무엇을 물어보고 어떤 대화를 나누고 싶은가?

리더로서 가장 중요한 것: 당신의 목소리

내가 리더인 사실을 일깨워 주는 환경에서 사역하다 보니 나의 리더십을 발굴하기 위해 노력해야 하는 몇 가지가 생겼다. 리더십을 도모하는 환경이라고 해서 자동적으로 성장이 이루어지지는 않기 때문이다. 다음은 내가 지난 9년간 익숙지 않은 미국 교회에서 성장하기 위해 꾸준히 노력하고 있는 세 가지다.

회의에 가면 반드시 한마디라도 한다

내가 새들백교회에서 사역하면서 혼난 적이 한 번 있다. 사실 선임 목사 입장에선 혼을 낸 것은 아닐 텐데 내가 그렇게 느꼈던 것 같다. 어떤 회의에 초대되어 참여했고, 거론되는 이슈에 대한 대안이 불만족스러웠다. 그런데 회의에 참여한 모두가 나보다 높은 위치에 있었기 때문에 괜히 말을 꺼내기보다 조용히 넘어가자고 생각하다가 회의가 끝났다.

나는 회의가 끝난 후 너무 아쉬운 마음에 회의를 인도한 리더를 찾아가 내 아이디어를 구구절절 이야기했다. 내 아이디어를 인정받기 원했다. 그런데 그는 아이디어에 대한 피드백은 전혀 없고, "케빈, 왜 이 말을 회의 시간에 하지 않았지? 네가 그 자리에 있었던 이유가 있어. 바로 이 아이디어를 우리 모두가 들었어야 했기 때문이야. 네가 너의 아이디어를 말하지 않아서 우리 교회는 더 좋은 선택을 못했을지도 몰라. 네가 회의에서 말을 하지 않으면 우리 교회는 최선이 아닌 차선을 선택하게 된다는 사실을 절대 잊지 마"라고 말했다.

망치로 머리를 맞은 것 같았다. '내가 회의에서 말을 하지 않으면 우리 교회는 무엇을 잃는다. 우리 교회는 최선이 아닌 차선을 선택하게 된다.' 내 아이디어가 최고이기 때문이 아니다. 회의에서 내가 아이디어를 제안했더라도 더 넓은 시야를 가진 리더가 좋지 않은 아이디어라 생각했을 수도 있다. 하지만 그는 최고의 아이디어는 모두가 참여할 때 이루어진다는 원리에 빗대어 모두가 목소리를 내야 한다는 사실을 가르쳐 주었다. 내 목소리를 내지 않으면 우리 교회는 최고의 결정을 내릴 수 없을지 모른다는 사실을 잊지 말자.

우리 모두가 목소리를 내야 하는 이유가 있다. 교회가 그로써 건강해질 수 있기 때문이다. 교회가 바뀌어야 하기 때문이다. 회의에서 목소리를 낼 수 있는 사람이 정해져 있다면 교회의 방향은 다양해질 수가 없다. 오로지 최종 리더의 선견지명과 시대를 읽는 자질에 의존해야 하는데, 그가 아무리 뛰어나다 해도 여러 사람에게서 비롯한 경험과 생각과 의견보다 뛰어날 수는 없다. 가장 좋은 선택은 모두가 생각을 나누고 다듬고, 다시 생각하면서 다듬어져 나온다.

새들백교회는 이 사실을 알기에 회의에서 모두가 목소리를 내기를 바라고 도모한다. 여러 번 회의에 초대되어 참석했는데 아무 말도 하지 않으면 다음부터는 그를 부르지 않는다. 한국 교회를 섬기는 어떤 부목사님이 이 이야기를 듣더니 말했다. "케빈 목사님, 한국에서는 회의에서 목소리를 내는 사람을 다음부터는 부르지 않아요." 그 자리에 있었던 모든 사역자가 동의하듯이 큰 웃음을 내었다.

나는 어떤 문화에서는 목소리를 내지 않으면 더 이상 회의에 초대되지 않고, 또 다른 문화에서는 목소리를 내면 회의에 초대되지 않는다는 사실이 안타까웠다. 이것이 한국과 미국의 민족적인 차이라고 생각하지 않는다. 내가 만들고자 하는 환경과 내가 선택하는 회의 분위기에 달렸다고 여긴다. 내가 리더로서 함께 동역하는 모든 사람의 의견과 피드백을 구하고 그것들을 반영하는 모습을 보이면 서로의 목소리를 더욱 들을 수 있는 교회가 될 것이라고 생각한다. 이를 통해 교회는 반드시 더욱 건강해지고 성장할 것이다.

나는 그 일이 있은 후 나 자신에게 약속했다. 어떤 회의에 참여하든지 최소한 내 목소리를, 참여한 모두에게, 한 번쯤은 들려주겠다는 다짐이다. 한 아이디어는 꼭 제시해야겠다는 결심이다. 이 약속을 지키는 것이 쉽지는 않다. 아무리 참여를 도모하는 환경이라고 해도 완벽하지 않은 내 생각을 세상 밖으로 꺼내기란 두려운 일이기 때문이다.

어떤 때는 말을 하다가 나 자신조차 내가 무슨 말을 하는지 모르겠어서 귀가 빨개지고 말을 더듬곤 한다. 하지만 나 자신과 한 약속은 꼭 지키려고 한다. 그리고 새들백교회에서 용기를 낼 때마다 잘 받아들여지고, 그로 인해 더욱 많은 회의와 사역에 초대되는 것을 경험했다.

발표할 기회가 왔을 때 거절하지 않는다

회의에 참석하면 최소한 한마디는 꼭 하겠다는 다짐과 함께 결심한 두 번째 다짐은 교인들 앞에서 무엇인가를 발표해야 하거나 대표로 전할 기회가 주어진다면 절대 "No" 하지 않겠다는 것이었다.

조직은 수직적이나 관계가 수평적이기 때문에 누군가

가 나에게 사역적인 제의를 할 때 내가 수용할 수도, 거절할 수도 있는 자유가 있다. 새들백교회는 현재 한 달에 한 번 전체 사역자 회의를 하고 있다. 그리고 전체 사역자 회의에서는 지난달에 있었던 사역 중 기념해야 할 내용을 나누곤 하는데 그 자리가 사실 많이 떨리는 자리다. 담임 목사도 있고 높은 자리에 있는 리더십이 모두 모여 있으며, 전체 사역자가 모이면 250-300명 정도 되기 때문에 앞에 나서서 이야기하는 것이 쉽지는 않다.

나는 지난 9년간 전체 사역자 회의에서 사역을 소개하고 발표할 기회가 세 번 있었다. 마음 같아서는 제의가 왔을 때 모두 "No" 하고 싶었다. 너무 부담되는 자리이기 때문에…. 하지만 기회가 주어지면 절대 "No" 하지 않겠다는 나 자신과의 다짐을 떠올리며 모든 제의에 응했다.

발표를 할 때마다 보통 2-3분 정도의 시간을 준다. 그러면 나는 그 시간에 유머스럽지만 진중하게 하나님이 내가 맡고 있는 사역을 통해 나타내신 열매를 소개한다. 이 경험이 나의 리더십 성장에 있어 중요했던 이유는 더욱 나 자신을 안전지대에서 내보냄으로 많은 리더들의 눈에 띄게 되었고 그로써 사역의 장이 조금씩 넓어졌기 때문이다. 몇몇 사람들은 내 이름은 기억하지 못해도 전체 사역자 회의 때 발표한 내용으로 기억하곤 했다.

편안함을 추구해서 "No" 했다면 절대 넓어질 수 없었던 영향력이 세 번의 "Yes"로 만들어진 것을 생각하면 네 번째 "Yes"도 기다려진다.

때로는 "모른다"라는 말이 가장 확실하다

한국 사람들이 나를 보면 영어도 잘하고 한국어도 곧잘 하는 사람 같겠지만 사실 나는 영어도 한국어도 어려운 이민 1.5세 재미 교포다. 한국에서 태어나 열한 살까지 자랐기 때문에 미국인들이 갓난아기 때부터 열한 살이 될 때까지 겪는 문화와 사용하는 언어에 대해서는 전혀 모른다. 예를 들어, 미국 아이들이 어떤 동요를 부르며 자라는지, 어떤 TV 프로그램을 보고 어떤 캐릭터를 좋아하는지 모르고, 심지어 그 흔한 영어 자장가도 모른다.

어린 나이에 이민 와서 영어는 빨리 터득했지만 문화에 대해서는 전혀 무지했다. 2001년부터 2011년까지 미국에서 흔히 보는 드라마, 영화와 책들은 전혀 모르고 자랐다 해도 과언이 아니다. 그때까지만 해도 한국 문화가 훨씬 편했기 때문에 한국 예능을 보지, 미국 프로그램은 보지 않았다.

그러다 보니 미국 교회 사역자들과 대화하다가 한때 유행했던 드라마나 영화 장면을 빗대어 이야기하면 나는 전혀 알 방법이 없었다. 그리고 아직도 영어가 부족하기에 모두가 이해하는 영어 단어를 나만 모를 때도 종종 있다.

내가 리더가 아닌 팔로워라는 마음가짐으로 사역을 했을 때는 이러한 은유와 단어를 몰라도 그냥 넘어갔다. 사람들이 웃으면 따라 웃고 그 시간이 빨리 넘어가기를 바랐다. 하지만 어느 순간부터 내가 모르는 단어나 개념이 언급되면 정중하게 물어보기 시작했다. "내가 그 단어의 뜻을 몰라 이해하기 위해 묻는데, 정확히 무슨 말을 하는 거야?" 그러면서 나는 내가 모르는 것을 인정하는 것, 그리고 그 뜻을 되묻는 것은 약점이 아니라는 사실을 알게 되었다. 오히려 "I don't know"라는 말이 얼마나 힘 있는 말인지 알게 되었다.

상대방이 하는 이야기를 내가 온전히 이해하지 못하면 "내가 이해하지 못했는데 다시 설명해 줄 수 있어?"라고 부탁한다. 그러면 상대방은 오히려 내가 '상대를 이해하려 노력하고 있구나' 하고 생각해 더욱 열심히 설명해 주었다. 내가 모르는 것을 모른다고 이야기한 것은 약점이 아니라, 오히려 배움을 허락해 준 용기였다.

모르는 것이 있으면 아는 척하고 넘어가지 말라. 그냥 넘어가기에는 우리가 하고 있는 사역이 너무 중요하고, 우리의 완전한 이해와 온전한 실행을 요구한다.

리더는 팔로워가 아니라 리더를 만든다

새들백교회에서 깨달은 것은 좋은 리더는 많은 팔로워들을 만드는 사람이 아니라 오히려 더 많은 리더들을 만드는 사람이라는 것이다. 새들백교회는 사역자들의 움직임이 많다. 선임 리더들이 밑에 있는 사역자들의 성장을 막지 않기 때문이다. 나이가 어리고 경력이 없으면 조직의 가장 밑에서 시작하게 되지만 리더의 자질이 보이면 그 위치를 높여 준다. 여기서 참 리더의 겸손함을 볼 수 있다.

한 예로, 새들백교회에서 25년 이상 사역을 하고 세계적으로도 잘 알려진 선임 목사가 10년 전 타 교회에서 젊은 사역자를 청빙해 왔다. 선임 목사는 새 리더에 대해 이렇게 말했다. "저 사람은 내가 데리고 와서 지금은 내 밑에 있지만 언젠가는 나보다 더 높은 위치로 올라가 내가 그의 지시를 따르게 될 것이다."

10년이 지난 후 그 말은 현실이 되었다. 10년 전 새로 온 부교역자는 새들백교회에서 담임 목사 다음으로 높은 직분의 사역을 맡고 있다. 그리고 그를 청빙해 왔던 당시 선임 목사는 그의 밑에서 사역하고 있다.

10년 만에 새들백교회 최종 선임 목사가 된 젊은 사역자도 너무 존경하지만, 그를 데리고 와서 그의 인성과 은사대로 사역할 수 있도록 장을 열어 주고, 성장을 막지 않고 오히려 도모한 리더의 모습은 더욱 존경한다. 바로 이것이야말로 건강한 교회와 성장하는 사역자를 세우는 참된 리더십의 모습이라 생각한다.

건강한 교회가 되기 위해서는 사역자들이 서로의 성

장을 도모해야 한다. 사역을 잘하는 사람이 있으면 그를 높여 주어야 한다. "사람을 너무 띄워 주면 머리가 커져서 안 됩니다"라는 소리가 들린다. 하지만 누군가의 머리가 커질 것을 염려해 서로가 올라가지 못하게 막는 문화가 형성되어서는 안 된다. 칭찬으로 인해 머리가 커져서 교만해지면 그것 또한 그의 자질일 뿐이다. 겸손은 리더십의 가장 크고 중요한 자질 중에 하나이고, 그런 사람을 낮추시는 것은 하나님의 몫이다. 우리가 대신 해 줄 필요 없다.

건강한 리더는 팔로워를 만들지 않는다. 다른 건강한 리더를 만들어 낸다. 그래서 나도 찾아내려고 한다. '내 주위에 리더십이 뛰어난 사람이 있는가? 나보다 무엇을 잘하는 사람이 있는가?' 만약 있다면 그 사람을 드러내려고 한다. 많은 사람들 앞에서 내게 보이는 상대방의 장점을 대신 말해 주려 한다. 그와 나는 경쟁 상대가 아니다. 동역자를 경쟁 상대로 생각하는 사람은 하나님이 자연스럽게 낮추신다. 내가 누구의 성장을 막을 필요가 없고 제지해서는 안 된다. 그 시간에 내가 더욱 좋은 사역자가 되려는 노력만이 필요할 뿐이다.

사역자에게 있어 리더십은 있으면 좋은 것이 아니라 반드시 있어야 할 덕목이다. 한국 교회, 한인 사역자들도 더욱 발전하는 영역이 되기를 소원한다.

나눔을 위한 질문

1 당신이 생각하는 사역자의 TOP 5 자질을 나눠 보자.

   ---

2 사역자에게 있어 리더십은 TOP 자질 중에 하나라는 말에 동의하는가?

   ---

3 당신이 읽어 본 리더십 관련 도서 중에 가장 감명 깊었던 책 혹은 리더십 인사이트에 대해서 나눠 보자.

   ---

4 리더가 되기 위한 가장 좋은 방법은 좋은 팔로워가 되는 것이 아니라 나 자신이 리더라는 사실을 인지하고 리더

로서 따라가는 것이라는 말을 어떻게 생각하는가?

_____

_____

5 우리 교회는 모두가 리더라고 생각하며 사역하는가?

_____

_____

6 우리 교회 사역자들이 리더십을 키우기 위해 모두 함께 읽어야 할 책은 무엇인가?

_____

_____

7 당신이 경험한 가장 좋은 리더는 어떤 모습을 갖고 있었는가?

_____

_____

가족들과 성도들이 액티비티를 즐기며 관계를 맺을 수 있는 외부 공간이다. 하나님의 명령인 쉼을 중시하는 새들백은 '안식'이라는 장치로 교역자들의 건강한 삶을 이루어 간다.

7

사역자에게 쉼은
사역보다
더 중요하다

미국인 사역자보다 한국인 사역자가 훨씬 뛰어난 점이 있다. 무엇일까? 바로 열심이다. 한국인 사역자에게는 엄청난 열심이 있다. 새들백교회만 봐도 그렇다. 새들백교회에 한국인 사역자가 여럿 있는데 우리는 기본적으로 열정적이다. 그래서 인정을 받기도 하고, 중요한 위치에 많이 배치되어 있다. 그런데 한국인 사역자가 미국인 사역자보다 훨씬 못하는 점이 있다. 무엇일까?

바로 쉼이다.

한국인 사역자는 쉼에 있어서 정말 약하다. 나만 봐도 그렇다. 나는 열심이라는 미덕 뒤에 쉼과 여유를 등

한시 여겼다. 오히려 그것을 자랑스럽게 여기기도 했다. 새들백교회에 오기 전까지 말이다.

앞에서 소개한 "새들백 교직원 12계명"을 보면 쉼의 중요성을 가리키는 대목이 있다.

> **WE VALUE MARGIN.**
> **우리는 쉼을 중시한다.**
> 쉼은 그저 좋은 아이디어가 아니라 하나님의 명령이다.
>
> 일찍 일어나고 늦게 눕는 것, 먹고 살려고 애써 수고하는 모든 일이 헛된 일이다. 진실로 주님께서는, 사랑하시는 사람에게는 그가 잠을 자는 동안에도 복을 주신다(시 127:2, 새번역).

쉼은 그저 '좋은 아이디어'(good idea)가 아니라 '하나님의 명령'(God idea)이다. 쉼을 통해 우리는 회복되고, 오래 뛸 수 있으며, 창의적인 사역을 할 수 있다.

창의적인 사역을 가능하게 하는 쉼

온라인 사역을 할 때 일이었다. 새들백교회는 늘 주일 예배 영상만 실시간으로 송출하다가, 토요 예배 영상 또한 실시간으로 송출해야 하는 때가 있어서 당연히 우리 팀이 사회를 볼 것이라고 생각했다. 팀이라고 해 봐야 당시 나와 온라인 선임 목사밖에 없었기 때문에 우리 둘이 토요일에 나갈 것을 예상하고 있었다.

하지만 선임 목사는 굳이 토요 예배 사회자를 따로 섭외해서 진행했다. 처음에는 '나를 무시하나? 이참에 온라인 사회자를 바꾸려 하나?'라는 생각이 들었다. 하지만 이후 피드백 시간을 통해 그의 뜻을 알게 되었다. 다른 사회자를 구한 이유는 우리의 시간을 너무 사역으로 채워서 창의성이 줄어들지 않게 하기 위해서였다고 했다. '창의성을 위해 쉼을 마련한다.' 참 생소한 아이디어였다.

한국 교회에서 자라며 사역자의 꿈을 꿀 때 한 선배가 나에게 해 준 말이 있다. "녹슬어서 없어지는 것보다 닳아서 없어지는 것이 더 낫다." 바로 영국의 부흥사 조지

휘트필드(George Whitefield)의 고백이다. 엄청난 말이고 지금도 나의 마음을 뜨겁게 울리는 말이다. 하지만 내가 새들백교회에 와서 경험을 쌓고 돌아보니 이런 생각이 들었다. '나에게 열심을 가르쳐 준 신앙의 선배가 쉼의 중요성도 가르쳐 주었다면 얼마나 좋았을까….'

새들백교회에는 쉬는 날이 없다!

새들백교회에는 쉬는 날이 없다. 하지만 안식일이 있다. 미국에서는 '쉬는 날'을 '데이-오프'(day-off)라고 한다. 미국 사람들이 교회 안팎에서 주로 사용하는 단어다 보니 사역자들이 "너의 데이-오프는 언제야?"[15]라고 물어보는 것이 자연스러울 것이라고 생각했다.

하지만 나는 새들백교회 사역자들은 '쉬는 날'(데이-오프)이라는 표현을 잘 안 쓴다는 사실을 발견했다. '쉬는 날'이라는 표현을 안 쓴다기보다 의도적으로 피한다는 것이 더 정확할 것이다. 신입 사역자가 미국 문화에 따라 '쉬는 날'이라는 표현을 쓰면 기존 사역자들이 '안식일'(sabbath, 샤밧)이라는 단어로 답해 안식일 문화를 지켜가는 식이다.

'안식일'(샤밧)이라는 단어를 사용하는 것은 신입 사역자의 입장에서 교회에 적응하기가 다소 어렵게 느껴지게 한다. 하지만 그러한 어려움이 있다는 것을 알면서도 '안식일'이라는 단어를 의도적으로 선택하는 이유는 새들백교회가 그만큼 안식일을 거룩히 여기기 때문이다.

다음 자료는 교역자들이 함께 모여 있는 단톡방에서 '쉬는 날'이라는 단어 대신 '안식일'이라는 단어를 선택해 소통하는 장면을 보여 준다.

안식일의 중요성과 그 성경적 의미는 성경 곳곳에 나오지만, 출애굽기 20장 8-11절에 명확하게 기록되어 있다.

"안식일을 기억하여 거룩하게 지키라 엿새 동안은 힘써 네 모든 일을 행할 것이나 일곱째 날은 네 하나님 여호와의 안식일인즉 너나 네 아들이나 네 딸이나 네 남종이나 네 여종이나 네 가축이나 네 문안에 머무는 객이라도 아무 일도 하지 말라 이는 엿새 동안에 나 여호와가 하늘과 땅과 바다와 그 가운데 모든 것을 만들고 일곱째

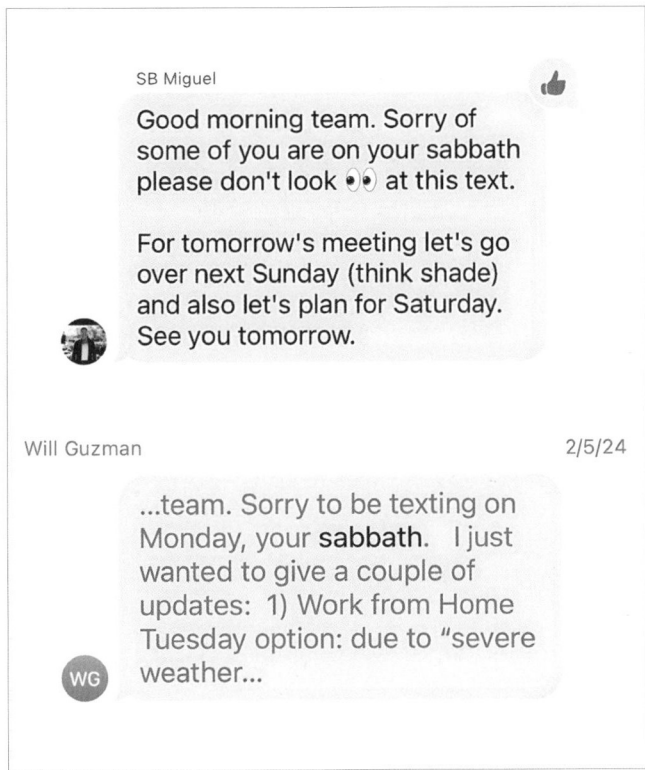

안식일을 주제로 주고받은 메일

안식 기간 연락하는 것에 양해를 구하고, 필요한 사항을 공유하는 내용

날에 쉬었음이라 그러므로 나 여호와가 안식일을 복되게 하여 그날을 거룩하게 하였느니라"(출 20:8-11).

안식일을 지킬 수 있게 돕는 교회는 어떤 모습일까

"안식일을 지키라"는 것은 "살인하지 말라", "간음하지 말라", "나 외에는 다른 신들을 네게 두지 말라"라는 명령들과 함께 십계명으로 주어진 만큼 중요하고 진중한 하나님의 명령이다. 정확히 말하면, 십계명에 관한 말씀 중 30퍼센트의 분량을 차지할 정도로 매우 중요한 말씀이다.

부교역자가 하루를 온전하게 안식할 수 있는 교회를 만들 수 있을까? 내가 안식일을 거룩하고 온전하게 지키고자 노력하며 배운 몇 가지를 나누고 싶다.

참된 안식은 생각보다 지키기 어렵다

안식일을 하루 쉬는 날로 생각하면 그날은 다른 일들로 채워지기가 쉽다. 열심이 있는 한국인들은 하루가 비어 있다 생각하면 자동적으로 그 시간을 일로 채우려 꿈틀거릴 것이다. 평소에 안 하던 방 청소나 책상 정리를 하거나, 밀렸던 우편물을 확인하거나, 회신하지 못한 문자 메시지나 이메일 확인을 하는 등 쉬는 날을 다른 일로 채우는 자신을 발견하게 될 것이다.

노스코트 파킨슨(Northcote Parkinson)은 "비어 있는 시간만큼 일이 팽창해서 채워진다"[16]라는 '파킨슨의 법칙'을 소개했다. 나는 하나님의 법칙이 아닌 파킨슨의 법칙에 따라 안식일을 보내고 있는 나 자신을 발견했다. 건강한 사역자가 되기 위해서는 안식일을 지키는 것이 필수적이라는 사실을 깨달으며 배운 안식의 중요한 요소들을 소개하겠다.

안식의 첫 번째 요소, 멈춤(STOP)

참된 안식은 일을 온전히 멈추는 것이다. 올 스톱!

안식의 원어가 되는 'Sabbath'(샤밧)은 '중단하다'라는 뜻을 갖고 있다.[17] 끝내지 못한 일이 있어도 스톱! 답장하지 못한 메시지에 회신하고 있는 나 자신을 발견했을 때에도 스톱! 안 그래도 심방해야 하는 사람이 집 근처에 왔다고 해서 심방하려고 신발을 신고 있는 나 자신을 발견했을 때에도 스톱! 사역에 관련된 일이 아니어도 온전히 쉬는 것이 아니라면 스톱! 갑자기 '좋은 남편이 되어야지' 생각하고 집안일을 하려는 모습도 스톱! (나도 노력하고 있지만 집안일은 평소에 잘하자.)

안식일을 온전히 지키기 위해서는 일을 모두 중단해야 한다. 이제 왜 참된 안식이 생각보다 어려운지 알 수 있을 것이다. 7일 동안 일을 해도 부족하게 느껴지는 사역 환경 가운데 그중 하루를 빼서 모든 일을 멈추기란 보통 어려운 일이 아니다. 어쩌면 십계명 중 안식이 가장 어려울 것을 아신 주님이 이 네 번째 계명을 가장 강조하신 것이 아닌가 생각된다.

일을 온전히 멈추었다면 안식의 두 번째 요소를 살펴봐야 한다.

안식의 두 번째 요소, 즐거움(ENJOY)

참된 안식은 나와 내 영혼이 좋아하는 것을 통해 여호와를 즐거워하는 것이다. 사역에 나의 모든 신경과 관심이 몰입되어 있으면 하나님이 만드신 내 영혼이 무엇을 즐거워하는지 잊어버린 채 살아가게 된다. 심지어 그 상황이 오래가면 나는 사역을 즐거워한다고 착각하게 되기도 한다. 물론 사역으로 인해 우리 영혼이 즐거워하는 것은 분명하다. 그렇기에 사역자로서 평생 살아갈 다짐을 했을 것이다. 하지만 하나님이 인간 '케빈 리'에게 주신 취미와 즐거움이 있다는 것 또한 잊어서는 안 된다.

우리 모두는 자라면서 "취미가 무엇인가?", "특기가 무엇인가?"라는 질문을 주고받았을 것이다. 어렸을 때는 취미가 너무 많아서 하나만 고르기 힘들었는데 지금은 나의 취미와 특기가 무엇인지 바로 생각이 나지 않아 힘들진 않은가? 우리는 이것을 어른이 되는 과정, 성숙해지는 과정이라 포장하지만, 절대 그렇지 않다. 사역자이기 전 피조물로서 하나님이 즐거워하도록 주신 것들을 내 삶에서 꾸준히 실행하면서 안식일을 지켜야 한다. 그리할 때 안식일의 참된 복을 누릴 수 있다.

나는 개인적으로 스포츠를 좋아한다. 어려서부터 축구, 농구, 야구 등 공에 관련된 모든 운동을 좋아했다. 미국에 이민을 와서도 새롭게 접하는 스포츠들을 통해 내 영혼이 기뻐하는 것을 느꼈다. 그래서 지금도 운동을 통해 안식일을 거룩히 지키려는 노력을 계속하고 있다.

안식의 세 번째 요소, 쉼(REST)

참된 안식은 쉼으로 이어져야 한다. 너무나 많은 현대인이 지쳐 살아가고 있다. "어떻게 지내?"라고 물어보면 "바쁘게 지내"라는 대답이 대부분인 사회가 되어 버렸다. 더욱 열심을 요구하는 사회와 그와 별개로 과로를 보상하는 문화 가운데 현대인들은 지쳐만 가고 있다.

이러한 사회에 교회는 무엇을 줄 수 있을까? 바로 마태복음 11장 28-30절에서 예수님이 약속하신 쉼과 쉬운 멍에 그리고 가벼운 짐을 소개해 줄 수 있다. 지금은 교회에 있어 큰 위기라고 하지만 어떻게 보면 절호의 기회다. 그리스도인은 쉼과 쉬운 멍에, 가벼운 짐을 약속받은 자들이기 때문이다.

"수고하고 무거운 짐 진 자들아 다 내게로 오라 내가

너희를 쉬게 하리라 나는 마음이 온유하고 겸손하니 나의 멍에를 메고 내게 배우라 그리하면 너희 마음이 쉼을 얻으리니 이는 내 멍에는 쉽고 내 짐은 가벼움이라 하시니라"(마 11:28-30).

하지만 한 가지 문제가 있다! 바로 교회와 사역자가 더 바쁘다는 것이다. 사회인들보다 더 피곤한 모습이 보인다는 것이다. 바쁜 사회를 살아가고 있는 성도들에게 참된 안식을 누리는 사역자의 모습을 보여 주어야 하는데 사역자들이 더욱 지친 모습을 하고 있다. 과연 우리에게 없는 것을 누구에게 줄 수 있겠는가? 우리가 경험해 보지 못한 것을 누구에게 가르칠 수 있겠는가? 흉내는 낼 수 있지만 흉내를 가르칠 뿐이다.

그래서 상상하게 된다. 바쁘고 지쳐 있는 성도들에게 예수님이 말씀하신 쉼과 쉬운 멍에, 가벼운 짐을 지고 살아가는 사역자의 모습을 보여 준다면 우리 사회는 어떻게 변할까? 성경에서 말하는 참된 안식을 사역자가 경험해 성도들과 나눈다면 그 교회는 세상과 얼마나 다른 모습을 보여 줄까?

참된 안식을 갖기 위해 일주일에 하루는 꼭 온전히 쉬

는 것을 추천한다. 낮잠을 통해 하루에 4-5시간밖에 못 자고 사역하는 나에게 잠을 보충해 주자. 처음으로 안식일에 낮잠을 자려고 하면 생각보다 잠이 안 올 수 있다. 해야 할 일이 태산인데 낮잠을 청하는 게 오히려 마음을 불안하게 만들 수도 있다. 어렵게 잠이 들어도, 금방 깨기도 할 것이다. 하지만 좋은 시작이다. 어떻게 보면 쉼에 익숙하지 않기 때문에 나타나는 현상이라 생각하고 조금씩 쉼을 연습해 보는 것이 좋다.

잠이 보충되었다면 내 영혼이 좋아하는 것이 무엇인지 생각해 하나씩 해 보기를 추천한다. 잃어버린 취미와 특기를 찾아가는 쉼의 여정이 되기를 소망한다.

<u>안식의 네 번째 요소, 예배(WORSHIP)</u>

참된 안식의 네 번째 요소는 예배다. 하루를 안식일로 정하고, 일을 멈추고, 내 영혼이 즐거운 일을 하거나 온전히 쉼을 누릴 때 마음에서 기쁨과 감사가 뿜어져 나온다. 그리고 우리는 그 감사와 기쁨으로 하나님께 예배를 드린다.

요즘 노력하는 나만의 예배 방식이 있다. 아내와 함

께 자연을 걸으며 하나님의 창조물을 경험하고 즐거워하는 노력이다. 이러한 예배의 모습이 나에게 어려운 이유는, 나는 본래 자연을 보며 감탄하는 여유와 성향이 없는 사람이기 때문이다.

앞서 언급했듯이 《위대한 나의 발견 강점혁명》이라는 책을 보면 자신의 다섯 가지 강점을 보여 주는 테스트가 있다.[18] 최고 다섯 가지의 강점을 발견하는 테스트를 한 뒤에는 약점 다섯 가지가 무엇인지도 확인할 수 있다. 이 약점 다섯 가지를 보려면 굳이 35달러를 내야 하는데 나는 너무 궁금해서 돈을 내면서까지 확인해 보았다.

그런데 나의 약점 중에는 '자연을 고마워하고 감탄하는 것'이 떡하니 자리하고 있었다. 그러니 내가 자연을 통해 하나님을 예배한다는 것은 굉장히 부자연스러운 일일 수밖에 없다. 하지만 나는 노력을 통해 안식일에 자연을 걸으며 창조주 하나님을 느끼고, 그분의 광대하심을 감탄하며 예배드리고 있다.

교회 전체의 노력이 필요하다

이렇게 안식일에 일을 완전히 접고, 취미를 통해 영혼이 즐거워하며, 진정한 쉼을 통해 나의 하나님을 예배하는 것을 생각할 때 안식일을 거룩히 지키는 데는 의도적인 계획과 연습이 필요하다. 조금이라도 빈틈이 있으면 일로 채우려는 인간의 죄성과 사회의 부담이 있기 때문에 안식일을 더욱 지켜 내려는 뜻과 힘이 합쳐져야 한다. 그리고 이 일은 한 사람의 노력으로 되는 것이 아니기에 교회 모두의 협력이 필수적이다.

사역자가 안식일을 온전히 지키지 않는 사역 환경에서 혼자만의 노력으로 안식일을 지키기란 굉장히 힘들다. 거센 파도가 몰아치는 바다 한가운데서 수영해서 살아남으려는 것과 다르지 않다.

개인이 아무리 안식을 누리려 해도 교회에서 계속 연락이 온다면 보이지 않는 하나님의 명령보다 긴급하게 느껴질 것이다. 그 메시지를 확인하지 않거나 대응하지 않으면 안식을 핑계로 일을 안 하려는 것처럼 보일 수도 있다. 동역자들의 눈초리가 따갑게 느껴질 수 있기에 안식일을 거룩히 지키는 것은 교회 모두가 노력해서 만들어야 하는 문화다.

새들백교회에서는 "너의 안식일이 언제야?"라고 물어보는 문화가 있다. 이것은 첫째로, 사역자와 그 가정의 상황에 맞게 안식일을 선택할 수 있는 자유가 있다는 것을 말해 준다.[19] 나와 우리 가정은 현재 아내가 월요일부터 목요일까지 학교를 다니고 있기 때문에 부부가 함께 온전히 안식할 수 있는 금요일을 안식일로 정했다.

서로의 안식일을 묻는 두 번째 이유는 각자의 안식일을 존중해 연락을 최소화하기 위해서다. 새들백교회에서는 서로가 안식일을 정하고, 그것을 다른 팀원들에게 알린다. 다음 페이지에 우리 팀의 스케줄 표를 소개한다.

이 스케줄 표에서 가장 먼저 눈에 띄는 것은 '안식일'(Sabbath)이라는 단어다. 앞서 언급한 대로 모두가 '쉬는 날'(데이-오프, day-off)이라는 표현을 쓰지 않고 의도적으로 '안식일'이라는 성경적 표현을 사용한다.

다음으로 눈에 띄는 것은, 팀의 일부는 월요일에 안식일을 가지고, 또 다른 일부는 금요일에 안식일을 가진다

SB WHITTIER TEAM HOURS- 2024

Name	Monday	Tuesday	Wednesday	Thursday	Friday	Saturday	Sunday
Will							
Office	Sabbath	9:30- 3:30	9:30- 1	9:30- 3:30	WFH/Central	4-6pm / 8-9pm	8- 3:30
Home	Sabbath		3-6				
Kevin					Sabbath		
Office	12-5PM	9:00-3PM	9-3PM	WFH/Central	Sabbath	WFH	7-1PM
Home					Sabbath		
Savannah	Sabbath						
Office	Sabbath	10-4pm	9-3pm	10-6:30pm	9am-1pm		7-3pm
Home	Sabbath		3:30pm-630pm		1:30-5:30pm		
Elizabeth	Sabbath	9:00-1:00	AS NEEDED	AS NEEDED	Wknd errands	available	7-1
Office	Sabbath	2:00-3:30			as needed		
Home	Sabbath						
Miguel							
Office		9:00-2:00pm	8:30-4:30	9:00-2:00pm	Sabbath		8:00-3:330pm
Home	8:30-4:30	3:00-6:00		3:00-6:00	Sabbath	WFH	
Andres	Sabbath	Office / Home	Office / Home	Office / Home	Sabbath	Home	Campus
Office		9:30 AM - 12:30 PM	9:30 AM - 12:30 PM	9:30 AM - 12:30 PM			6:55 AM - 2:30 PM
Home		1:30-5PM	1:30-5PM	1:30-5PM		6-9:30 PM	
Blake	Sabbath						
Office	Sabbath	10-2pm	8:45-4:45 LF		3-9		7:30-2:30pm
Home	Sabbath	2:30-6pm			11-1	9-5	

새들백 사역자들이 공유하고 있는 스케줄 표

안식일을 거룩히 지키기 위해
각 사역자의 안식일, 일하는 날과 시간을 기록한 공유 달력는 점이다. 참 재밌지 않은가? '이렇게 팀이 분산되면 일이 되겠는가? 일주일에 같이 만나서 일할 수 있는 날이 3-4일밖에 없는데, 참된 동역이 일어날까?' 싶은데 사역이 잘 진행되고 있다. 현재 내가 속한 캠퍼스는 설립된 지 2년밖에 되지 않았는데, 매주 650여 명이 참석하고 있으며 꾸준한 성장을 보여 주고 있을 정도로 사역과 안식의 열매가 가득 맺히고 있다.

이렇게 스케줄을 공유하는 이유는 서로의 안식일을 존중하기 위해서다. 안식일인 팀원이 있으면 그때는 되도록이면 문자보다는 이메일로 연락을 취한다. 이메일을 보내더라도 받는 사람의 안식일을 인지하는 문구로 시작할 때가 많다. 예를 들면 이렇다.

"케빈, 오늘이 네 안식일인 걸 알아. 그러니 내일 답장해 주면 돼."

이렇게 안식일을 인정하고 메시지를 이어 가면 받는 사람의 입장에서도 바로 반응하지 않아도 되는 이해가 형성된다. 그러한 인정과 약속 가운데 사역자들은 서로에 대한 존중을 표현하게 되고, 그 존중은 동역자 간에 더욱 깊은 신뢰를 쌓게 한다. 그리고 서로에게 일보다 하나님의 말씀을 지키는 것이 중요하다는 사실을 소통하게 되기도 한다.

이러한 동역자의 존중과 노력은 개인 시간 침해와는 거리가 멀다. 미국 회사에서는 쉬는 날을 공유하는 이유가 개인의 시간을 보장해 주기 위해서라고 하는데, 교회에서는 다르다. 적어도 달라야 한다. 사역자들은 개인 시간을 보장하기 위해서가 아니라 안식을 명하시는 하나님의 말씀을 순종하기 위해서 안식일을 지키고 서로 존중해 주는 것이다. 그만큼 참된 휴식, 참된 안식이 사역자 개인의 건강에 중요하다는 것을 알기에 서로 존중해 주고자 몸부림을 치는 것이다.

워라밸 대신 워레리

요즘 쉼에 대해 말하다 보면 생각나는 단어가 하나 있다. 이 시대의 모토가 되어 버린 '워라밸'이라는 단어다. 워라밸은 work(워크, 일)-life(라이프, 삶)-balance(밸런스, 균형)의 앞 글자를 따서 만든 합성어인데, 풀이하면 '일과 삶의 균형을 잡아라'라는 의미다.

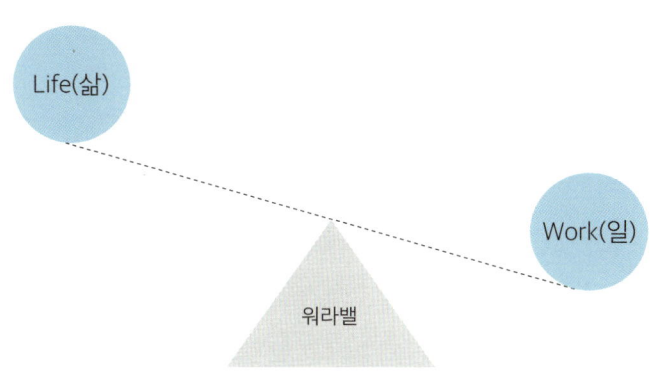

워라밸 구조
일과 삶의 균형이 어떤지 늘 살펴보아야 한다.

처음에는 좋은 의미로 사용되었던 이 말은 시간이 지날수록 '최대한 일을 피하고 삶을 즐기라'는 의미로, 회사 혹은 일에서 자기 시간을 보호하려는 폐쇄적인 의미로 사용되는 듯하다. 우선 일과 삶을 분리시켜 저울의 양 끝에 놓아 일과 삶 둘 다에서 승리하기 어려운 구조를 만든다. 일과 삶은 분리가 목적이 아니라 조화와 융합이 목적이 되어야 한다.

그렇기 때문에 워라밸보다 work(워크, 일)-rest(레스트,

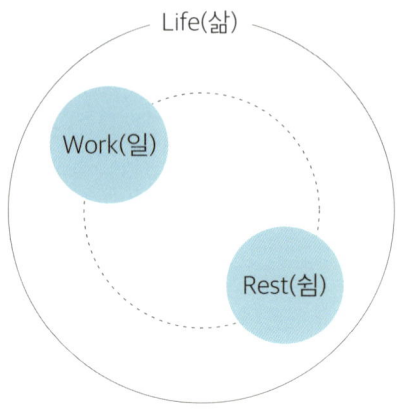

워레리 구조
일과 삶의 건강한 순환 구조

쉼)-rhythm(리듬)의 앞 글자를 딴 말인 '워레리'가 그리스도인들에게 더욱 도움이 되는 표현일 것 같다. '리듬'은 아름다운 규칙 가운데 반복되는 생태와 습관을 말하고, 일과 삶을 나누는 것이 아니라 삶 가운데 일과 쉼이 조화를 이루는 것을 말한다. 삶 가운데 일과 쉼이 조화로운 리듬을 만들고 건강하게 반복되는 것이 바로 워레리다.

교회에게 있어 안식은 절대 내 시간을 보장받는 시스

템이 아니다. 나를 만드신 창조주의 원리를 인지하고 그 명령에 순종하는 모습이다. 하나님이 창조하신 아름다운 워크-레스트-리듬의 습관을 만들고 그 안에서 나타나는 수많은 안식의 기쁨과 축복을 누리는 것이다.

건강한 워레리를 만들기 위한 세 가지 팁

안식의 성경적 의미와 그 중요성을 이해한 후에도, 현대 사회와 교회 문화가 그것을 따르기 어렵게 한다. 앞서 나눈 것같이 담임 목사를 포함한 전체 사역자가 안식일을 지키기 위해 노력해야 할 뿐 아니라 개인의 노력도 필요하다. 릭 워렌 목사가 새들백교회 교직원들에게 제시한 안식의 리듬을 소개하고 싶다.

데일리 리듬(매일 안식, Divert Daily)

안식의 리듬을 잘 지키기 위해서는 일주일에 한 번 하루를 안식하기 전에 '매일 안식하기'(daily practice)가 필요하다. 날마다 바쁜 일상과 사역 중에 잠시 멈추고 쉼을 통해 여호와를 예배하는 습관을 갖는 것이다. 하루 중 일부 시간을 내어 안식하는 것인데, 가장 좋은 방법은 앞에 소개한 안식의 네 가지 요소 중 한 가지를 선택해 실천하는 것이다.

나는 보통 아침 시간을 사용한다. 수많은 일을 시작하거나 이메일, 카톡을 확인하기 전에 아침 일찍 일어나 커피숍에 가서 말씀을 읽고, 책을 읽고, 글을 쓰는 것을 나만의 '매일 안식하기'로 실천하고 있다. 말씀을 통해 하나님을 예배하고, 책을 읽고, 글쓰기를 통해 내 영혼이 기뻐하는 일을 꼭 하려고 한다. 물론 매일 지키지는 못한다. 하지만 꾸준히 노력하고 있으며, 실천하지 못하는 날보다 실천하는 날이 더 많아지고 있다.

위클리 리듬(매주 안식, Withdraw Weekly)

릭 워렌 목사가 교직원들에게 두 번째로 권장한 것은 매주 하루는 온전히 안식하는 리듬을 만드는 것이다. 가장 성경적이고 모두가 익숙한 안식일의 모습일 것이다. 일주일에 하루는 24시간 전체에 걸쳐 일을 멈추고, 내 영혼이 즐거워하는 일을 하며 쉼을 누리고, 하나님을 예배함으로 채우는 것이다.

반드시 일을 멈춰야 한다. 이 시간 동안은 어떤 일이 있더라도 일을 멈춰야 한다. 핸드폰을 어디에 가둬 두어야 한다면 가둬 두자. 중요한 전화, 배우자나 자녀들에게 걸려 오는 전화 등을 놓치지 않기 위해 핸드폰을 가지고 있어야 한다는 것은 이해한다. 하지만 참된 안식을 누리기 위해 핸드폰을 내려놓는 것도 중요하다.

나의 취미를 다시 찾아보자. 대개 사역자는 자기 영혼이 즐거워하는 모든 것을 내려놓고 온통 사역에만 집중해야 하는 사람으로 생각하는 경우가 많은 것 같다. 하지만 사역자도 하나님이 만드신 피조물이고 그분의 자녀다. 피조물에게는 창조주가 만드신 스스로를 기쁘게 하는 무엇인가가 반드시 있다. 그것이 바로 사람과 로봇이 다른 점 아닌가. 그리고 하나님 아버지는 자녀가 기뻐하는 모습을 보며 가장 큰 기쁨을 느끼신다. 사역자이기 전에 하나님의 자녀로서 내 영혼을 기쁘게 하는 일을 다시 찾아 실행하는 위클리 리듬(매주 안식)을 만들어야 한다.

나를 기쁘게 하는 일이 무엇인지 아무리 생각해도 모르겠다면 이 책을 계기로 취미와 특기를 다시 찾았으면 좋겠다. 누군가에게는 운동일 수 있겠고, 누군가에게는 사진 촬영일 수도 있으며, 또 다른 사람에게는 자전거 타기, 등산 등이 될 수 있다.

릭 워렌 목사는 "주로 지능을 사용하는 사람은 몸과 손으로 할 수 있는 취미를 찾고, 주로 몸과 손으로 일하는 사람은 마음과 정신을 새롭게 할 수 있는 취미를 찾는 것이 좋다"고 조언을 더했다.

그 예로 릭 워렌 목사는 설교를 매주 준비해야 하는, 즉 지능을 주로 사용하는 사역자로서 자신이 안식일에 집에서 가드닝(Gardening)을 하는 취미를 소개했다. 가드닝을 하면 정규적으로 식물을 돌봐야 하기 때문에 안식일을 지킬 수밖에 없는 구조에서 살아간다고 말했다. 일에 빠져 주위를 돌아보지 못하는 자신에게 잘 맞는 안식일 리듬이라 소개했다.

이와 같이 자신의 영혼이 즐거워하는 취미와 특기 생활을 일주일에 한 번은 꼭 할 수 있기를 바란다. 일주일에 하루(24시간)를 온전히 안식하면 건강한 워크-레스트-리듬(워레리)이 만들어질 것이다.

매년의 안식(Abandon Annually)

매일 그리고 매주에 이어 매년 가져야 하는 안식의 리듬이 있다. 휴가라고 이해해도 좋다. 하지만 휴가를 재정의할 필요가 있는 것 같다. 독자가 속한 교회에서 갖는 휴가 기간에는[20] 사역을 절대 하지 않는다는 원칙이 필요하다. 올 스톱!

릭 워렌 목사는 휴가를 가르치며 'Abandon'이라는 단어를 선택했다. 이 영어 단어는 '놓고 가다', '버리다'라는 의미를 갖고 있다. 휴가는 일 년에 한 번씩 사역을 버리는 시간이다. 이 말이 얼마나 충격적인 말인지는 나도 잘 알고 있다. 나도 처음 들었을 때 깜짝 놀랐다.

하지만 우리가 일 년에 한 번씩 사역을 두고 떠나지 않는다면 우리가 버려질 것이다. 'Abandon'이라는 단어를 선택한 릭 워렌 목사의 뜻은 정확하고 의도적이다. 또 이 단어는 부모가 자녀를 잃어버렸을 때, 혹은 자녀를 두고 떠날 때 사용할 정도로 감정이 가득 담긴 단어다. 그만큼 우리에게 소중한 사역을 내려놓고 가는 것이 참된 휴가의 바탕이 되어야 한다.

사역을 버린다는 표현은 사역자로서 무책임해 보일 수 있다. 나도 처음에 그랬다. 하지만 사역자가 일 년에 한 번씩 온전한 휴가를 갖는 이유는 오히려 사역에 대한 열정을 더욱 키우기 위해서다. 교회를 사랑하기 때문에 할 수 있는 사랑의 표현이다. 사역자의 육체적, 정신적 건강과 교회의 건강을 위해 사역자가 할 수 있는 최고의 헌신인 것이다.

사역에서 조금 떨어져 시간을 보내면 오히려 사역에 대한 불이 지펴지기도 하고, 내가 하는 사역에 있어 엄청난 창의력이 폭발할 수도 있다. 아니, 반드시 그렇게 된다.

이는 사역자는 아니지만 빌 게이츠(Bill Gates)도 자주 언급하는 점이다. 마이크로소프트의 설립자 빌 게이츠는 일 년에 두 번 'Think Week'(생각하는 주간)를 갖는 것으로 유명하다. 이 주간 그는 7일 동안 숲속 오두막집을 빌려 홀로 시간을 보낸다. 일주일 동안 지난 6개월을 돌아보고 다음 6개월을 내다보는 것이다. 평소에 읽고 싶었지만 바빠서 읽지 못했던 책들을 읽기도 한다.

빌 게이츠는 일주일간 홀로 생각과 연구에 젖다 보면 마이크로소프트가 새롭게 가야 할 방향이 뚜렷해진다고 말한다. 바로 인터넷 익스플로러가 'Think Week'의 결과물이고 한 가지 예다. 현대인이 날마다 몇백 번, 몇천 번씩 사용하는 인터넷의 바탕을 세운 창의성이 바로 'Think Week'에서 나온 것이다.

빌 게이츠는 일 년에 7일씩 두 번 'Think Week'를 가졌지만, 핀란드 대학에 의하면 휴가의 가장 좋은 효과는 제8일부터 나타난다고 한다. 많은 사역자들은 2주간의 휴가가 주어지더라도, 3일 혹은 4일씩 쪼개서 휴가를 다녀오곤 한다. 사역지를 오랫동안 비우지 않기 위해서일 것이다. 물론 그것도 휴가를 가지지 않는 것보다는 나을 수 있지만, 진정한 안식의 연간 리듬을 세우기 위해서는 한 번에 8일 이상 휴가를 도전해 보기를 추천한다. 사역을 잠시 버려두고 떠날 수 있어야 한다.

새들백교회에서는 많은 사역자들이 휴가를 떠날 때 이메일 자동 응답을 설정해 놓는다. 다음은 내가 받은

German Perez — Tue, Aug 15, 2023, 9:43 AM
to me

Hi there. I'm currently out of office until Wednesday, August 16th. I will respond to your email as soon as I am able to. If you need immediate assistance, please reach out to Brando Hariadi (brandoh@saddleback.com) (Monday/Tuesday) or Nely Donis (nelyd@saddleback.com) (Friday)

[Message clipped] View entire message

Dave Alford — Wed, May 10, 2023, 2:36 PM
to me

I will be out of the office until Monday, May 15. I will have limited access to email. Your email is important to me and I will respond when I return. If you need an immediate response please contact German Perez at germanp@saddleback.com

---

Nely Donis — Sat, Dec 3, 2022, 6:56 PM
to me

Greetings,
Thank you for your message. I am currently out of the office and return on Monday, December 5, 2022. If you need immediate assistance, please contact James Browning at:
jbrowning@saddleback.com.

Otherwise, I will respond to your email when I return.
Blessings,
Nely Donis

휴가 기간 자동 응답 이메일

휴가 기간 이메일이 오면 자동 응답을 통해
휴가 중임을 표현한다.

자동 응답들이다.

이메일을 읽어 보면, 자신이 언제부터 언제까지 휴가 중이니 혹시 급한 도움이 필요하면 동역자 A에게 연락을 달라는 내용이다. 그러면 동역자 A에게 일이 몰리는 것이 아닌가 생각할 수 있다. 하지만 동역자 A가 휴가를 갈 때는 그가 A의 연락망이 되어 주기 때문에 참된 동역이 일어나는 시스템이다.

또 새들백교회의 휴가 문화는 모든 팀원이 볼 수 있도록 공유 달력에 자신의 휴가를 표기해 놓는 것이다. 다음 페이지의 스케줄 표는 내가 2024년 10월 2주 동안 한국을 방문했을 때 팀원들과 공유한 내용이다.

보다시피 파란색으로 10월 2-16일 "케빈-오프"(Kevin Off)라고 기재해 놓았다. 물론 아무 때나, 그리고 갑자기 휴가를 사용하지는 않는다. 건강한 워크-레스트-리듬을 실행하는 사역자는 사역에 피해가 되지 않게 휴가에 대한 소통을 선임 목사 및 동역자들과 먼저 하는 문화가 있다.

휴가에 대해서, 쉼에 대해서, 안식에 대해서 이렇게 글을 길게 쓰면 '미국 교회에서 사역하기 때문에, 한국

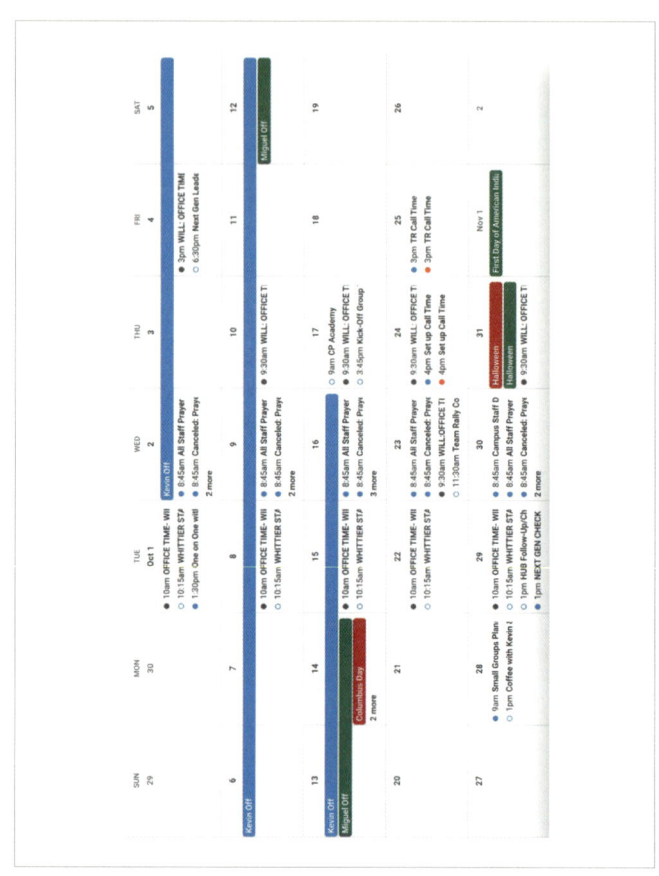

휴가 기간 스케줄 표

동역자들은 공유 달력을 통해 휴가 기간을 알려
자리를 비울 것을 소통하고 있다.

교회의 상황을 모르기 때문에 하는 말'이라고 생각할 수도 있다. 아마 맞을 것이다. 나는 한인 교회에서 자라고 사역한 경험도 있지만 모든 상황을 다 알지는 못한다. 하지만 또 그렇기 때문에 이런 배움을 나눌 수 있다고 생각한다. 무엇보다 독자를 응원하고 한국 교회가 건강하기를 바라는 마음에서 내가 배운 바를 아낌없이 나누고 싶다.

한국 교회를 향한 릭 워렌 목사의 마지막 당부

릭 워렌 목사는 2022년 6월에 자신이 개척하고 42년 동안 섬긴 새들백교회를 은퇴한 후 "Finishing The Task"(임무 완성, FTT)라는 사역을 하고 있다. 그가 이 사역을 감당하기 위해 한국을 방문했을 때 한국 교회 성도들을 대상으로 한 설교 영상을 보게 되었다. 사역자로서 나에게 가장 큰 영향을 준 멘토 목사님이 내가 사랑하는 한국 교회를 방문했으니 어떤 말씀을 전할지 궁금했다.

그는 강단에 서서 바로 전날 밤 설교 본문과 내용을

바꾸었다는 말로 시작했다. 설교자라면 준비한 설교가 아니라 바로 전날 밤 하나님께로부터 새로운 마음을 받아서 설교를 바꾼다는 것이 얼마나 힘든 일인지 알 것이다. 그만큼 그의 순종은 내 마음을 더 뛰게 했다. '도대체 하나님이 어떠한 마음을 주셨기에, 미국에서부터 준비한 말씀을 바꾸었을까? 나의 조국, 한국 교회 성도들과 사역자들에게 전하고 싶은 말씀은 무엇일까?'

그리고 그 설교 내용은 다름 아닌, 그가 새들백교회에서 시무하면서 반복하고 강조했던 말씀이었다. 참된 안식의 중요성! 설교 중 그가 한 말이 지금도 내 마음을 울린다. "대한민국의 열심은 전 세계적으로 잘 알려져 있습니다. 우리 교회에서도 가장 일을 열심히 하는 교직원들은 한국인 사역자들입니다. 그런데 이제 한국이 세계적으로 안식을 가장 잘하는 나라와 민족으로 알려지면 어떨까요?"

릭 워렌 목사의 리더십 밑에서 사역한 사람으로서 이 말은 그가 정말 사랑하는 사람에게만 하는 조언이라는 것을 너무 잘 알고 있다. 10년 뒤에는 한국이 열심뿐만 아니라 참된 안식을 잘 지키는 교회와 나라로 알려지면 어떨까?

나눔을 위한 질문

1 당신은 어떠한 때 '참 잘 쉬었다'고 생각되는가?

2 우리 교회/공동체는 쉼을 도모하는 공동체인가, 일을 도모하는 공동체인가?

3 당신은 안식일을 잘 지키고 있는가?

4 당신의 다음 휴가 계획을 함께 나누어 보자.

---

5 안식일을 포함해 당신의 완벽한 한 주간을 계획한다면 어떠한 주간일지 상상한 후 나누어 보자.

---

6 당신에게 쉼은 중요한가?

에필로그

한국에서 태어나, 한국 교회를 통해 예수님에 대해 배우고, 미국에 와서도 한인 교회를 다니며 청소년 수련회를 통해 예수님을 만난 내가 어떤 우연으로 세계적으로 영향력 있는 새들백교회에서 사역을 하게 되었을까? 하나님의 완벽한 섭리를 믿는 사람으로서 이 일은 절대 우연이 아닌 창조주 하나님의 의도적인 설계였다고 믿는다.

처음에는 1년 인턴십만 마치고 다시 한인 교회로 돌아갈 생각뿐이었다. 하지만 1년간의 배움은 수박 겉핥기 정도였다. 한인 교회로 돌아간다 하더라도 배운 바를 적용할 수 없을 것이라는 판단이 섰다. 그렇게 1년, 2년 섬기다가 이제 햇수로 9년이 되었다.

나를 개인적으로 아는 몇몇 목사님들은 "케빈 목사가 새들백교회에서 섬기는 이유는 한국 교회를 돕는 것과도 직접적인 관계가 있을 거야"라고 종종 말씀해 주셨다. 처음에는 이 말이 버겁게 느껴졌다. 아무리 사랑하는 한국 교회라 할지라도 당장 미국 교회에 적응하기도 어려웠기 때문이다.

하지만 코로나19 팬데믹 시기에 내가 한국인으로서 새들백교회에서 온라인 사역을 하고 있었던 것은 절대 우연이 아니었고, 이제 다른 캠퍼스로 옮겨 새로운 사역을 하고 있는 것 또한 우연이 아니라 생각되어 글을 쓰기 시작한 게 이 책으로 나오게 되었다.

이 책은 첫 책이었던 《온라인 사역을 부탁해》보다 집필하는 데 훨씬 더 오랜 시간이 걸렸다. 단순한 사역의 방법이 아닌 사역의 철학과 그 철학을 통해 느꼈던 감정과 경험을 한국 문화에 맞게 설명하기가 쉽지 않았기 때문이다. 크게 두 가지의 걱정이 있었다.

첫 번째는, '책의 내용이 개인의 자랑으로 받아들여지면 안 될 텐데…'였다. 좋은 점들을 소개하려다 보니 자랑같이 느껴질 수도 있겠다는 생각이 글을 쓰는 동안 들었다. 하지만 이 책은 어떻게서든 내가 배운 것들이 내가 사랑하는 한국 교회와 한인 교회에 도움이 되었으면 하는 마음으로 적은 것이니, 나라는 개인이 보이기보다 교회를 향한 사랑이 보이기를 소망한다.

두 번째는, '한국 교회의 상황을 모르는 재미 교포가 쓴 글 때문에 한국 교회의 사역과 문화가 혼란스러워지면 안 될 텐데…'였다. 나는 교회를 진심으로 사랑한다. 교회 때문에 인생이 바뀌었고, 지금도 바뀌고 있다. 특별히 한국 교회를 사랑한다. 지금도 미국 교회에는 없는 통성 기도가 그립고, 새벽 기도회를 때때로 찾으며, 한국 교회가 가지고 있는 아름다운 신앙생활을 실천하며 사역한다.

그러한 한국 교회와 한인 교회에 위기가 찾아왔다는 말을 이미 오래전부터 들어 왔다. 그 말은 듣기 어렵고 속상하다. 그래서 작은 혼란이 잠시 오더라도, 변화하는 세상 가운데 새로운 도전이 될 수 있는 사역의 모습들을 제시하고 싶었다. 이 책에서 제시한 원리들은 결코 절대적인 것들이 아니다. 하지만 이 중 한 가지라도 독자에게 도움이 된다면 나는 지난 9년 동안 새들백교회에서 사역하며 혼란스럽고 어려웠던 경험과 내적 갈등이 모두 소용 있었다고 생각할 것이다.

사랑하는 한국 교회와 이민 교회가 가르쳐 준 신앙의 기본과 사역의 열심으로 나는 계속해서 새들백교회에서 새로운 것들을 배우며 사역하고 있다. 때로는 주목을 받고 칭찬을 받기도 한다. 지극히 한국적인 모습이 미국 사람들의 눈에 띄는 것이라고 생각한다.

"한국 교회 교역자, 성도 여러분, 저에게 아름다운 믿음의 유산을 남겨 주셔서 감사합니다. 저도 다음 세대에게 좋은 것을 남겨 주고 싶습니다. 이 책이 그 '좋은 것'으로 남길 소망합니다. 사랑합니다."

케빈 올림

주

1 John Piper, *Don't Waste Your Life*(Crossway, 2003)
2 그전까지 새들백교회에는 매년 300개 정도의 새로운 소그룹이 시작되었다는 점을 생각할 때 10배나 많은 소그룹이 생겨난 것이다.
3 https://www.instagram.com/barnagroup/p/C4qRNu3uucf/
4 "담임 목사가 속한 소그룹의 분위기는 어떨까? 20년째 소그룹으로 만났다면 시기에 따라 소그룹을 새로 섞는 것이 아니고 한 번 이루어진 소그룹이 기한 없이 계속 가는 것인가?" 등 많은 질문이 있을 것 같다. 하지만 다시 한 번 이 장에서는 소그룹의 방법보다 '성도들이 연결되는 것'의 중요성에 집중하기 원한다.
5 여기서 '적절한 죄 고백'이라는 말은 동성끼리 구성된 소그룹과 이성과 함께 구성된 소그룹에서는 각각 죄의 고백의 적절함이 다르다는 것을 의미한다.
6 여기서 영혼이 잘되기를 원하는 바람은 그 영혼이 그리스도를 닮아 가는 것을 말한다. 로마서 8장 28-29절과 같이 무슨 일이 있든 '아들의 형상을 본받아' 가는 과정이라고 생각해 주고 그렇게 닮아 갈 수 있도록 도와주는 마음을 가리킨다.
7 《정서적으로 건강한 여성》,《정서적으로 건강한 제자》,《정서적으로 건강한 리더》,《정서적으로 건강한 교회》 등.
8 일주일에 한 번씩 3개월을 만난 후, 그다음 3개월은 2주에 한 번씩 만났으며, 다음 6개월은 한 달에 한 번씩 만났다. 2021년부터 현재까지 상담사 선생님을 꾸준히 만나고 있다.
9 보험으로 모든 비용이 지불되는 상담사 선생님도 있었다. 하지만 그는 백인이어서 이민자로서 겪는 감정과 문화적인 뉘앙스를 이해하지 못한다고 느껴져 한국인 상담사 선생님을 찾아

갔다. 한국인 상담사 선생님은 보험으로 비용 지불이 되지 않았지만, 내 지출 중 가장 가치 있는 지출이어서 오히려 투자와 회복으로 느껴진다. 여기서 중요한 것은 처음 찾아간 상담사가 잘 맞을 수도 있고 잘 맞지 않을 수도 있다는 것이다. 잘 맞지 않는다고 해서 '상담은 나에게 안 맞아' 하고 단정 짓지 말라는 것이다. 그리고 다른 선생님을 찾아보는 것을 추천한다. 포기하지 않고 꾸준히 찾아보면 나의 회복을 온전히 도와줄 상담사 선생님을 분명히 만나게 될 것이다.

10 "People would rather follow a leader who is always real rather than a leader who is always right."

11 새들백교회 사모회는 릭 워렌 목사의 아내 케이 워렌과 릭 워렌 목사의 친동생 션델 할리데이가 시작했다.

12 여기서 캠퍼스(Campus)는 미국 교회에서 '지교회'를 뜻할 때 사용하는 단어다. 새들백교회는 현재 20개의 캠퍼스에서 교회로 모이고 있다. 그중 위디어는 가장 최근에 세워진 지교회이며 2대 담임 목사 부임 후 처음 세워진 교회다.

13 한때 그는 미국에서 가장 빠르게 성장하는 교회의 담임 목사였다.

14 여기서 '그들'은 새들백교회 교직원들을 말한다. 그때까지만 해도 나는 아직 그들과 같은 위치에 있다고 생각하지 못했기에 '이들', '그들'이라고 했던 것 같다.

15 새들백교회에서는 모두가 월요일에 안식하지 않고, 개인과 가정의 상황에 맞춰 안식일을 정할 수 있다. 현재 우리 가정의 안식일은 금요일이다.

16 노스코트 파킨슨은 영국인 해군 사학자이자 경영학자이고 '파킨슨의 법칙'은 〈이코노미스트〉(The Economist)에 처음 소개되었다.

17 https://terms.naver.com/entry.naver?docId=630304&cid=50766&categoryId=50794

18 이 테스트를 소개한 영상은 다음과 같다. https://youtu.be/AOJwU_IZRdI

19 자유를 준다고 해서 안식일을 정하는 데 가이드가 없는 것은 아니다. 같은 팀 내에 주중에 3일은 연속해서 있어야 하는 간단한 가이드가 있다. 우리 팀의 경우 사역자가 함께 사무실에 있어야 하는 요일을 화, 수, 목요일로 정하고 월, 금요일을 선택해 안식할 수 있게 했다.

20 새들백교회에서는 풀타임 사역자에게는 최소한 1년에 21일의 휴가가 주어진다. 14일은 미국 정부가 풀타임 사역자에게 꼭 주어야 하는 휴가 기간이다. 새들백교회는 쉼을 소중히 여기기 때문에 7일을 더 제공한다.